Collection dirigée par Jean-Pierre Demarche

Dire le Monde

Vocabulaire thématique français-allemand

Francine Rouby
Agrégée de l'Université
Professeur en Classes Préparatoires

ellipses

EDITION MARKETING
EDITEUR DES PREPARATIONS
GRANDES ECOLES MEDECINE
32, rue Bargue 75015 PARIS

ISBN 2-7298-9384-9

Au lecteur

Cet ouvrage s'adresse à tous ceux qui souhaitent accéder plus aisément à une information mouvante et exprimer, oralement ou à l'écrit, les grands problèmes du monde contemporain.

Ce manuel n'est pas un dictionnaire. Il ne se veut pas exhaustif. Les mots et expressions qu'il contient ne sont pas classés par ordre alphabétique mais thématiquement. En abordant un chapitre, l'élève, l'étudiant, le germaniste aura accès à des idées sur un sujet donné, mais - et cela est primordial - toute liberté d'opinion, d'élaboration de la réflexion sera préservée. Des prises de position apparaissent, ainsi que leurs contraires : l'utilisateur doit être flexible. Rien n'empêche le lecteur d'associer différents chapitres en fonction de sa propre sensibilité, de ses connaissances personnelles. Il arrive d'ailleurs que certains mots réapparaissent : ces mots clé associent plusieurs chapitres, permettant ainsi un exposé plus complet. S'agissant de la CEE, par exemple, il sera bon d'avoir à l'esprit le chapitre Agriculture.

Le texte liminaire présente les différents sous-chapitres en une cohésion qui laisse au lecteur toute latitude de la réorganiser à son gré.

L'apprentissage d'une langue comporte une phase passive - de reconnaissance, donc de compréhension des mots - et une phase active - de production. C'est pourquoi ce manuel comporte des expressions simples, pouvant être réutilisées aisément, et d'autres beaucoup plus complexes dans lesquelles on puisera selon le niveau atteint et à atteindre. Chacun fera son choix.

Abréviations utilisées :

- **Abk.** : abréviation
- **pron. angl. :** le mot se prononce à l'anglaise.
- **adj. subst.** : le substantif se décline comme un adjectif.
- **pl.** : l'expression s'emploie surtout ou exclusivement au pluriel.
- **sg.** : l'expression s'emploie surtout ou exclusivement au singulier.
- **péj.** : péjoratif.
- **fam.** : terme familier.
- **polit.** : terme politique.
- **♦** : synonyme

Les marques des verbes forts ainsi que l'auxiliaire sont signalés entre parenthèses.
Les marques de pluriel sont indiquées entre parenthèses.
Les expressions comportant plusieurs mots sont sans indication : il suffit de vérifier les déclinaisons de l'adjectif pour former les pluriels.

Table des matières

1. Die Wiedervereinigung

Die Öffnung der Grenzen und die deutsche Wiedervereinigung waren die wichtigsten Ereignisse Ende der neunziger Jahre. Der friedlichen Revolution folgten die ersten gesamtdeutschen Wahlen. Die Begeisterung dauerte jedoch nicht lange, denn der ostdeutsche Zusammenbruch erfaßte alle Gebiete des Lebens : die Politik, die Wirtschaft und den Alltag der Bürger. Die Planwirtschaft hat zur strukturellen Krise geführt, die Einführung der Marktwirtschaftsregeln erweist sich als schwierig und langwierig. Zwei total voneinander getrennte Ideologien und Systeme müssen zusammengefügt werden. Dies geschieht nicht ohne Schwierigkeiten. Die Mauer ist zwar gefallen, in den Köpfen existiert sie aber immer noch. Die Anpassungsschwierigkeiten sind groß, führen zu Neid, Schuldgefühl, sozialen Spannungen und Gewalttätigkeiten. Der Rechtsextremismus flackert wieder auf, insbesondere bei den Jugendlichen, die wenig Zukunft haben. Die Ausländerfeindlichkeit wächst mit dem Steigen der Arbeitslosigkeit. Die Ostdeutschen wollen Klarheit über die Stasi gewinnen und somit ihre Vergangenheit bewältigen : die Stasiakten wurden deshalb geöffnet. Die ungeklärten Eigentumsverhältnisse sind ein anderer Grund für die Unzufriedenheit und ein schweres Investitionshemmnis. Das Abtreibungsgesetz muß harmonisiert, das Asylantenproblem gelöst werden.

Die sozialistische Welt existiert nicht mehr. Bedeutet dies ein Sieg der kapitalistischen Ideologie ? Der Mensch ist nicht nur ein Wirtschaftspotential : die maximale Produktion und der maximale Konsum können nicht als Religion, als absolute Werte betrachtet werden. Der Mensch braucht neue Werte, eine neue Ideologie und ein menschenwürdiges, harmonisches Leben. Ein dritter Weg, zwischen Kapitalismus und Sozialismus, müßte gefunden werden. Dies ist die Aufgabe der jungen Generationen.

1. La réunification

L'ouverture des frontières et la réunification allemande furent les évènements les plus marquants de la fin des années 90. La révolution pacifique fut suivie des premières élections panallemandes. L'enthousiasme, pourtant, fut de courte durée. L'effondrement de l'Allemagne de l'Est touche tous les domaines de la vie : la politique, l'économie, le quotidien des citoyens. L'économie planifiée a mené à la crise structurelle ; l'introduction des lois de l'économie de marché s'avère être une entreprise longue et difficile. Il s'agit d'unifier deux idéologies, deux systèmes complètement différents. Ceci ne se fait pas sans difficultés. Le Mur est certes tombé, mais il persiste dans les têtes. Les difficultés d'adaptation sont considérables, suscitent des sentiments d'envie, de culpabilité, des tensions sociales et des actes de violence. L'extrémisme de droite renaît, surtout parmi ceux des jeunes qui n'ont que peu d'avenir. La xénophobie croît avec le chômage. Les Allemands de l'Est veulent obtenir la transparence en ce qui concerne la Stasi et exorciser par là leur passé : les archives de cette police ont donc été rendues accessibles au public. La situation confuse dans les rapports de propriété est une autre source d'insatisfaction et une lourde entrave à l'investissement. La loi sur l'avortement doit être harmonisée, le problème du droit d'asile réglé.

Le monde socialiste n'existe plus. Est-ce une victoire de l'idéologie capitaliste ? L'être humain n'est pas uniquement un potentiel économique : la production et la consommation maximales ne peuvent pas être érigées en religion, considérées comme des valeurs absolues. L'homme ressent le besoin de nouvelles valeurs, d'une nouvelle idéologie, d'une vie digne et harmonieuse. Une troisième voie, entre capitalisme et socialisme, devrait être trouvée. Ceci est la tâche des jeunes générations.

l'Allemagne réunifiée	das wiedervereinte Deutschland (sg.)
la réunification des deux Etats	die Vereinigung der beiden Staaten
l'unité	die Einheit (sg.)
l'Est	der Osten (sg.)
l'ex-Etat du bloc de l'Est	der ehemalige Ostblockstaat
le pays du bloc de l'Est	das Ostblockland (¨er)
l'Allemagne de l'Est	Ostdeutschland (sg.)
l'ex-RDA	die Ex-DDR (sg.)
	♦ die ehemalige DDR (sg.)
	♦ die damalige DDR (sg.)
	♦ der Ex-SED-Staat (sg.)
le citoyen de RDA	der DDR-Bürger (-)
	♦ der "Ossi" (s) péj.
	♦ der Ostler (-) péj.
ceux de l'autre côté	die von drüben (pl.) péj.
l'Ouest	der Westen (sg.)
l'Allemagne de l'Ouest	Westdeutschland (sg.)
le citoyen de RFA	der "Wessi" (s) péj.
les cinq nouveaux Länder	die fünf neuen Länder (pl.)
les anciens Länder	die alten Länder (pl.)
Berlin, la capitale	die Hauptstadt Berlin (sg.)
la révolution pacifique	**die friedliche Revolution (sg.)**
l'ouverture du Rideau de Fer	die Öffnung des Eisernen Vorhangs (sg.)
la chute du Mur	der Fall der Mauer (sg.)
l'ouverture des frontières	die Öffnung der Grenzen
les élections panallemandes	die gesamtdeutschen Wahlen (pl.)
les premières élections libres et démocratiques	die ersten freien demokratischen Wahlen (pl.)
l'union économique et monétaire	die Wirtschafts- und Währungsunion (sg.)
le jour de l'unification	der Tag der Einheit (sg.)
la fête nationale	der Nationalfeiertag (e)
acquérir la pleine souveraineté	die volle Souveränität erlangen
le retrait des troupes soviétiques	der Abzug der sowjetischen Truppen
signer le traité	das Abkommen unterzeichnen
l'effondrement	der Zusammenbruch (¨e), der Zerfall (sg.)
le vieil appareil étatique	der alte Staatsapparat
le changement, la mutation	der Wandel (sg.)

le changement, le renversement de situation	die Wende (n)
le changement radical	der Umbruch (¨e) polit.
universel, qui concerne tous les domaines	allumfassend
politique	politisch
économique	wirtschaftlich
social	sozial
culturel	kulturell

la "Sécurité de l'Etat", la police politique — der Staatssicherheitsdienst (sg.)

la "Stasi", la "sécurité de l'Etat"	die Stasi (sg., Abk.).
l'agent de la "Stasi"	der Stasi-Agent (en, en)
le collaborateur de la "Stasi"	der Stasi-Mitarbeiter (-)
l'activité subversive	die subversive Tätigkeit
la machinerie diabolique	die teuflische Maschinerie (sg.)
l'appareil de répression	der Unterdrückungsapparat (e)
l'abus de pouvoir étatique	der staatliche Mißbrauch (sg.)
l'atteinte à la liberté	die Freiheitsberaubung (en)
surveiller la société	die Gesellschaft überwachen
ouvrir le courrier	die Post mit/lesen (a, e, hat)
l'écoute téléphonique	das Telefon belauschen
placer des dispositifs d'écoute dans les téléphones	Wanzen in die Telefone setzen
l'espion	der Spion (e), der Spitzel (-)
espionner	bespitzeln
le dénonciateur	der Denunziant (en, en)
la dénonciation	die Denunziation (en)
dénoncer	denunzieren
la trahison	der Verrat (sg.)
dénoncer, trahir	verraten (ie, a, hat)
la calomnie, la diffamation	die Verleumdung (en)
calomnier, diffamer	verleumden
le fouineur	der Schnüffler (-)
fouiner, espionner	schnüffeln
la menace	die Bedrohung (en)
menacer	bedrohen
le chantage	die Erpressung (en)
faire chanter	erpressen

l'arrestation	die Verhaftung (en)
arrêter	verhaften
l'internement	die Internierung (en)
interner	internieren
les coups et blessures	die Körperverletzung (en)
la torture	die Folter (n)
torturer	foltern
le meurtre	der Mord (e)
tuer	ermorden
les archives de la "Stasi"	**die Stasi-Akten (pl.)**
le document	die Unterlage (n)
l'archive	das Archiv (e)
ouvrir les archives	die Archive öffnen
la ruée massive sur les archives	der Massenansturm auf die Akten
dépouiller les archives	die Akten filzen
la défiance	das Mißtrauen (sg.)
devenir suspect	in Verdacht geraten (ie, a, ist)
gagner en transparence	Klarheit gewinnen (a, o, hat)
révéler, dévoiler	enthüllen
démasquer	entlarven
l'ordre d'instruire, d'enquêter	der Ermittlungsauftrag (¨e)
la plainte	die Strafanzeige (n), die Anklage (n)
le coupable	der Täter (-)
la victime	das Opfer (-)
la colère populaire	der Volkszorn (sg.)
la vengeance	die Rache (sg.), die Vergeltung (en)
se faire justice soi-même	zur Selbstjustiz greifen (i, i, hat)
le problème de la propriété	**die Eigentumsfrage (sg.)**
la querelle concernant la propriété	der Eigentumsstreit (sg.)
la situation confuse dans les rapports de propriété	die ungeklärten Eigentumsverhältnisse (pl.)
l'entrave à l'investissement	das Investitionshindernis (-se)
la propriété	das Eigentum (sg.), der Besitz (sg.)
le propriétaire	der Eigentümer (-), der Besitzer (-)
l'ex-propriétaire	der Alteigentümer (-), der Altbesitzer (-)
le propriétaire foncier	der Grundbesitzer (-)

le terrain	das Grundstück (e)
la maison	das Haus (¨er)
l'entreprise	die Firma (die Firmen)
les immeubles, les biens-fonds	die Liegenschaften (pl.)
exproprier	enteignen
l'expropriation	die Enteignung (en)
faire valoir ses droits sur	Anspruch erheben (o, o, hat) auf + A.
la demande de restitution	der Rückgabeantrag (¨e)
la restitution	die Rückgabe (n)
le dédommagement, l'indemnité	die Entschädigung (en)
le montant du dédommagement	die Entschädigungssumme (n)

l'IVG — der freiwillige Schwangerschaftsabbruch

l'avortement	die Abtreibung (en)
l'avortement, pomme de discorde	der Zankapfel Abtreibung (sg.)
avorter	ab/treiben (ie, ie, hat)
la grossesse	die Schwangerschaft (en)
être enceinte	schwanger sein
le paragraphe 218 du Code Pénal	der Paragraph 218 des Strafgesetzbuches (sg.)
le "Tribunal Constitutionnel" de RFA	das Bundesverfassungsgericht (sg.)
le Droit allemand	das deutsche Recht (sg.)
deux Droits différents	zweierlei Recht (sg.)
la solution transitoire	die Übergangsbestimmung (en)
la nouvelle loi unitaire	das neue einheitliche Gesetz
l'autorisation de l'IVG dans le délai des trois premiers mois de grossesse	die Fristenlösung (sg.)
l'IVG avec des raisons justificatives	das Indikationsmodell (sg.)
la justification criminologique	die kriminologische Indikation
le viol	die Vergewaltigung (en)
violer	vergewaltigen
la justification eugénique	die eugenische Indikation
la justification médicale	die medizinische Indikation
la justification sociale	die soziale Indikation
la consultation obligatoire	die Pflicht zur Beratung (sg.) ♦ die Zwangsberatung (en)
aller à l'étranger	ins Ausland gehen (i, a, ist)
le "tourisme d'avortement"	der Abtreibungstourismus (sg.)

l'adversaire de l'avortement	der Abtreibungsgegner (-)
la protection de la vie en devenir	der Schutz des werdenden Lebens
l'avortement, la fausse couche	der Abort (e) / der Abortus (sg.)
punir	bestrafen
punissable, condamnable	strafbar
impuni, autorisé	straffrei
la liberté de la personne	die Freiheit der Person
"mon ventre m'appartient"	"mein Bauch gehört mir"
la conception	die Empfängnis (sg.)
la contraception	die Empfängnisverhütung (en)
le contraceptif	das Empfängnisverhütungsmittel (-)
la régulation des naissances	die Geburtenregelung (en)
le planning familial	die Familienplanung (en)
le spécialiste	der Facharzt (¨e)
le gynécologue	der Gynäkologe (n, n)
la pilule abortive RU 486	die Abtreibungspille RU 486
le médicament	das Medikament (e)
la préparation médicamenteuse	das Präparat (e)
l'avortement provoqué par médicament	der medikamentöse Abbruch (sg.)
la fausse couche provoquée	die eingeleitete Fehlgeburt
la fausse couche spontanée	die spontane Fehlgeburt
l'intervention chirurgicale	der chirurgische Eingriff
la méthode par aspiration	die Absaugmethode (n)
avec ménagement, avec douceur	schonend
le taux de mortalité élevé	die hohe Sterblichkeitsrate
la sécurité maximale	die höchste Sicherheit (sg.)
ne pas autoriser un médicament	ein Medikament zurück/halten (ie, a, hat)
autoriser un médicament	zu/lassen (ie, a, hat)
accepter un médicament	an/nehmen (a, o, hat)
refuser un médicament	ab/lehnen
le dilemme	das Dilemma (s / ta)
le dilemme éthique	das ethische Dilemma
le scrupule	das Bedenken (-)
les scrupules d'ordre éthique	das ethische Bedenken
les scrupules d'ordre juridique	das rechtliche Bedenken
les scrupules d'ordre politique	das politische Bedenken
un problème fortement controversé	ein hartumstrittenes Problem
le danger d'abus	die Mißbrauchgefahr (sg.)

avorter de manière irréfléchie	leichtfertig ab/treiben (ie, ie, hat)
les effets à long terme inconnus	die unbekannten Langzeitfolgen (pl.)
l'utilisation dans le Tiers Monde	die Anwendung in der Dritten Welt

l'économie planifiée	**die Planwirtschaft (sg.)**
l'économie dirigiste	die Kommandowirtschaft (sg.)
être inférieur au niveau ouest-allemand	unter westdeutschem Niveau liegen (a, e, hat)
glisser dans la crise	in die Krise gleiten (i, i, ist)
être dans la crise	in der Krise stecken
l'échec de la politique économique	die verfehlte Wirtschaftspolitik (sg.)
le désordre économique	die Mißwirtschaft (sg.)
la mauvaise situation	die miese Lage
l'économie en difficulté	die marode Wirtschaft
le déficit	das Defizit (e)
le retard	der Rückstand (sg.)
la crise structurelle	die strukturelle Krise
la méthode de production déficiente	die mangelhafte Produktionsmethode
l'appareil de production inadapté	der untaugliche Produktionsapparat
le manager médiocre	der mangelhafte Manager (pron. angl.)
la main-d'oeuvre médiocre	die mangelhafte Arbeitskraft
le manque de savoir-faire	das fehlende Know-how (sg.)
la déstabilisation	die Entstabilisierung (en)
la subvention	die Subvention (en)
le subventionné	der Subventionsempfänger (-)
la réduction des subventions dans le domaine	der Subventionsabbau (sg.)
de l'énergie	bei Energie (sg.)
des transports	bei Verkehrstarifen (pl.)
des loyers	bei Mieten (pl.)
des services	bei Dienstleistungen (pl.)
ne pas être à la hauteur de la situation	der Situation nicht gewachsen sein
ne pas résister à la pression de la concurrence	dem Druck der Konkurrenz nicht stand/halten (ie, a, hat)
ne pas pouvoir suivre le rythme	nicht mit/halten (ie, a, hat) können
être immobile	unbeweglich sein
être non rentable	unrentabel sein
le besoin de rattraper	der Nachholbedarf (sg.)
l'explosion de la demande	der Nachfrageboom (sg.)

l'avidité de produits de consommation	der Warenhunger (sg.)
l'univers inaccessible des produits de consommation	die unerreichbare Warenwelt (sg.)
la frustration	der Frust (sg.)
la fin de la sécurité sur le plan social	das Ende der sozialen Sicherheit (sg.)
la fin de la solidarité	das Ende des Zusammenhaltes (sg.)
de petits privilèges disparaissent	kleine Privilegien verschwinden (a, u, ist)
la vie semble plus compliquée	das Leben scheint komplizierter

l'économie de marché — die Marktwirtschaft (sg.)

le passage à l'économie de marché	der Übergang zur Marktwirtschaft (sg.)
passer à l'économie de marché	sich auf die Marktwirtschaft um/stellen
adopter les règles de l'économie de marché	die Marktwirtschaftsregeln an/nehmen (a, o, hat)
la rentabilité	die Rentabilität (sg.)
la capacité de rendement	die Leistungsfähigkeit (sg.)
l'efficience, la rentabilité	die Effizienz (sg.)
être efficient, performant	effizient sein
le stress du rendement	der Leistungsdruck (sg.)
la concurrence	der Wettbewerb (e), die Konkurrenz (en)
être compétitif	wettbewerbsfähig / konkurrenzfähig sein
la mobilité	die Mobilität (sg.)
être mobile	mobil sein
la flexibilité, la souplesse	die Flexibilität (sg.)
être flexible, souple	flexibel sein
la créativité	die Kreativität (sg.)
être créatif	kreativ sein
la capacité d'innovation	die Innovationsfähigkeit (sg.)
l'esprit d'entreprise	der Unternehmungsgeist (sg.)
l'autonomie, l'indépendance	die Selbständigkeit (sg.)
la vitalité	die Vitalität (sg.)
pouvoir se décider rapidement	sich schnell entscheiden können
le consensus	der Konsens (sg.)
le travail d'équipe	die Teamarbeit (sg.)

garantir les droits fondamentaux — die Grundrechte garantieren (pl.)

les Droits de l'Homme	die Menschenrechte (pl.)
obtenir des droits politiques	politische Rechte erhalten (ie, a, hat)
l'Etat de droit	der Rechtsstaat (sg.)

la liberté d'opinion	die Meinungsfreiheit (sg.)
la possibilité de s'exprimer	die Ausdrucksmöglichkeit (sg.)
la liberté de la presse	die Pressefreiheit (sg.)
la censure	die Zensur (en)
abolir la censure	die Zensur ab/schaffen
la libre circulation	die Freizügigkeit (sg.)
la liberté de voyager	die Reisefreiheit (sg.)
la société multiculturelle	die multikulturelle Gesellschaft
le creuset	der Schmelztiegel (sg.)
la multiplicité, la pluralité	die Vielfalt (sg.)
une vie "plurielle"	ein buntes Leben

les problèmes — die Probleme (pl.)

le deuxième miracle économique n'a pas lieu	**das zweite Wirtschaftswunder bleibt aus (ie, ie, ist)**
le chaos	das Chaos (sg.)
la période de récession	die Talfahrt (sg.)
atteindre le creux de la vague	die Talsohle erreichen
la récession	der Abschwung (sg.)
la relance	der Aufschwung (sg.), die Ankurbelung (en)
relancer	an/kurbeln
la situation héritée (de l'ancien système)	die Altlast (en)
la pollution héritée (de l'ancien système)	die Umweltaltlasten (pl.)
les dettes héritées	die Altschulden (pl.)
la saturation de l'infrastructure	die Überlastung der Infrastruktur
la "Treuhand"	die Treuhand (sg.)
privatiser des entreprises	Betriebe privatisieren
assainir des entreprises	sanieren
fermer des entreprises	stillegen (legte still, hat stillgelegt)
le chômage partiel, technique	die Kurzarbeit (sg.)
être en chômage partiel	kurz/arbeiten
le chômage	die Arbeitslosigkeit (sg.)
l'augmentation du taux de chômage	das Steigen der Arbeitslosenquote
les licenciements collectifs	die Massenentlassung (en)
licencier	entlassen (ie, a, hat)
réduire le personnel	Personal ab/bauen
la compression de personnel	der Personalabbau (sg.)

"dégraisser" (fam.)	ab/specken (fam.)
partir en préretraite	in den Vorruhestand treten (a, e, ist)
envoyer en retraite	in den Ruhestand schicken
partir en retraite	in den Ruhestand treten (a, e, ist)
l'exode vers l'Ouest	die Abwanderung in den Westen
aller travailler à l'Ouest	in den Westen pendeln
le travailleur frontalier, pendulaire	der Pendler (-), der Einpendler (-)
la navette des travailleurs frontaliers	der Pendlerverkehr (sg.)
les tensions sociales	**die sozialen Spannungen (pl.)**
la criminalité augmente	die Kriminalität wächst (u, a, ist)
la crise du logement	die Wohnungsnot (sg.)
la crise du logement s'aggrave	die Wohnungsnot verschlimmert sich
la différence des salaires	der Lohnunterschied (e)
les universités sont surpeuplées	die Universitäten sind überfüllt (pl.)
le manque d'enseignants	der Lehrermangel (sg.)
le combat pour le partage	der Verteilungskampf (¨e)
le fossé se creuse	die Kluft vertieft sich
le recul de la croissance	der Rückgang des Wachstums (sg.)
la surchauffe conjoncturelle	die Überhitzung der Konjunktur
le financement de l'unification	**die Finanzierung der Einheit (sg.)**
la hausse des prix	die Teuerung (en)
la montée du taux d'inflation	der Aufstieg der Inflationsrate
l'inflation augmente	die Inflation wächst (u, a, ist)
le taux d'intérêt augmente	der Zinsfuß steigt (ie, ie, ist)
les impôts	die Steuern (pl.)
le contribuable	der Steuerzahler (-)
l'augmentation des impôts	die Steuererhöhung (en)
l'augmentation des charges sociales	die Sozialabgabenerhöhung (en)
l'emprunt	die Anleihe (n)
lancer un emprunt	eine Anleihe auf/legen
l'échec de la politique	**das Versagen der Politik (sg.)**
l'Etat social se dégrade	der Sozialstaat baut ab
les partis établis ne constituent pas une alternative	die etablierten Parteien sind keine Alternative
l'antiparlementarisme	der Antiparlamentarismus (sg.)
être ingérable	unregierbar sein
le vide juridique	der rechtsfreie Raum

dépasser l'économie planifiée	**die Planwirtschaft überwinden (a, u, hat)**
la phase de transition	die Übergangsphase (n)
introduire le principe du rendement	das Leistungsprinzip ein/führen
le processus de réorganisation	der Umgestaltungsprozeß (sg.)
trouver un nouvel équilibre financier	einen neuen Finanzausgleich finden (a, u, hat)
ajuster les salaires	die Löhne an/gleichen (i, i, hat)
la libération des prix	die Preisfreigabe (sg.)
les investissements massifs	die massiven Investitionen (pl.)
l'assainissement de l'environnement	die Sanierung der Umwelt (sg.)
la construction de logements	der Wohnungsbau (sg.)
la construction de routes	der Straßenbau (sg.)
la rationalisation	die Rationalisierung (sg.)
la modernisation du réseau téléphonique	die Modernisierung der Telefonnetze
la mesure de restriction	die Sparmaßnahme (n)
le transfert d'entreprises à l'Est	die Verlagerung der Betriebe in den Osten
le transfert (des capitaux)	der Transfer (s)
la mesure pour la création d'emplois	die Arbeitsbeschaffungsmaßnahme (n) (Abk. ABM)
recycler, reconvertir	um/schulen
se recycler	um/lernen
perfectionner en formation continue	weiter/bilden, fort/bilden
se préparer à de nouveaux défis	sich auf neue Herausforderungen vor/bereiten
le Mur dans les têtes	**die Mauer in den Köpfen**
le Mur "intérieur" grandit	die innere Mauer wird höher
l'envie	der Neid (sg.), das Neidgefühl (sg.)
le sentiment d'infériorité	das Minderwertigkeitsgefühl (sg.)
le sentiment de culpabilité	das Schuldgefühl (e)
l'augmentation de la violence	die Zunahme der Gewalt (sg.)
le crime	das Verbrechen (-)
la drogue	die Droge (n)
l'alcoolisme	der Alkoholismus (sg.)
plus d'infractions au code de la route	mehr Straßenverkehrsdelikte (pl.)
l'accident	der Unfall (¨e)
la difficulté d'adaptation	die Anpassungsschwierigkeit (en)
la capacité d'adaptation	die Anpassungsfähigkeit (en)
avoir d'autres priorités	andere Prioritäten haben
changer sa façon de penser	um/denken (a, a, hat)
les mentalités doivent changer	die Mentalitäten müssen ändern (pl.)

s'adapter	sich an/passen + D.
exorciser le passé	die Vergangenheit bewältigen
	♦ die Vergangenheitsbewältigung (sg.)
l'extrémisme de droite	**der Rechtsextremismus (sg.)**
le virage à droite	der Rechtsdrall (sg.)
l'extrémiste de droite	der Rechtsextremist (en, en)
extrémiste de droite (adj.)	rechtsextremistisch
le parti d'extrême droite	die rechtsextremistische Partei
le préjugé	das Vorurteil (e)
la montée	das Aufflackern (sg.), das Aufkommen (sg.)
monter	auf/flackern, auf/kommen (a, o, ist)
la violence	die Gewalt (sg.)
l'excès, la violence, la brutalité	die Ausschreitung (en)
l'attentat	der Anschlag (¨e) auf + A.
le terrorisme	der Terrorismus (sg.)
incendier, mettre le feu à	Brandanschläge verüben auf + A.
le racisme	der Rassismus (sg.)
la xénophobie	die Ausländerfeindlichkeit (sg.)
	♦ der Ausländerhaß (sg.)
	♦ die Xenophobie (sg.)
l'hostilité	die Feindseligkeit (en)
"nettoyer" les rues	die Straßen "sauber machen"
la "purification ethnique"	die "ethnische Säuberung"
le danger pour la démocratie	die Gefahr für die Demokratie
les sous-cultures de jeunes	**die jugendlichen Subkulturen (pl.)**
l'adolescent	der Halbwüchsige (n) adj. subst.
le marginal	der Randständige (n) adj. subst.
le vandale	der Randalierer (-)
commettre des actes de vandalisme	randalieren
le voyou	der Rowdy (s)
le hooligan	der Hooligan (s)
le radical de droite	der Rechtsradikale (en) adj. subst.
le néonazi	der Neonazi (s)
le skinhead	der Skinhead (s)
les skinheads	die Skins (pl.)
les skinheads, "les chauves"	die "Glatzen" (pl.)
le milieu des skinheads	die Skinhead-Szene (sg.)

un avenir incertain	eine ungewisse Zukunft (sg.)
la détresse	die Notlage (n)
la perte d'idéal	der Idealverlust (sg.)
la perte de l'identité	der Identitätsverlust (sg.)
le repli sur soi	die Abkapselung (sg.)
ne plus avoir de système de référence	kein Bezugssystem mehr haben
ne pas avoir le sentiment de sa propre valeur	kein Selbstbewußtsein haben
le complexe d'infériorité	der Minderwertigkeitskomplex (e)
évacuer l'agressivité et la frustration	Aggressivität und Frust ab/laden (u, a, hat)
être buté, étroit d'esprit	engstirnig sein
le terrain idéal pour	der ideale Nährboden für + A.
succomber à des idéologies faciles	einfachen Ideologien verfallen (ie, a, ist)
la peur de l'étranger	die Fremdenfurcht (sg.)
le rejet	die Ablehnung (sg.)
rejeter	ab/lehnen + A.
"l'Allemagne aux Allemands"	"Deutschland den Deutschen"
le groupe-cible	**die Zielgruppe (n)**
le bouc émissaire	der Sündenbock (¨e)
le citoyen de seconde zone	der "Bürger zweiter Klasse"
l'homosexuel	der Schwule (n) adj. subst.
le juif	der Jude (n, n)
l'homme de gauche	der Linke (n) adj. subst.
l'étranger	der Ausländer (-)
l'altérité, la différence	die Andersartigkeit (sg.)
celui qui pense autrement	der Andersdenkende (n) adj. subst.
celui qui parle une autre langue	der Anderssprachige (n) adj. subst.
celui qui a une autre couleur de peau	der Andersfarbige (n) adj. subst.
haïr	hassen
brimer	hänseln
humilier	demütigen
mépriser	verachten
outrager, offenser	beleidigen
injurier	beschimpfen
discriminer	diskriminieren
attaquer	an/greifen (i, i, hat)
repousser	verstoßen (ie, o, hat)
exclure	aus/schließen (o, o, hat)

se débarrasser de	ab/schieben (o, o, hat) + A.
chasser	vertreiben (ie, ie, hat)
"la violence génère la violence"	"Gewalt ruft Gewalt hervor"
se défendre	sich zur Wehr setzen
	♦ sich wehren
	♦ sich verteidigen

la xénophilie	**die Fremdenfreundlichkeit (sg.)**
être hospitalier	gastfreundlich sein
l'initiative en faveur des étrangers	die Pro-Ausländer-Initiative (n)
protéger les foyers de demandeurs d'asile	die Asylantenheime schützen
faire front contre la xénophobie	Front gegen Fremdenhaß machen
la tolérance	die Toleranz (sg.)
faire preuve de tolérance	Toleranz üben
être tolérant	tolerant sein
l'intolérance	die Intoleranz (sg.)
être intolérant	intolerant sein
acquérir une nouvelle identité	eine neue Identität gewinnen (a, o, hat)
favoriser l'originalité culturelle	die kulturelle Eigenständigkeit fördern
"la démocratie, cela s'apprend"	"Demokratie will gelernt sein"
la quête de l'identité	die Identitätssuche (sg.)
s'engager pour des idéaux	sich für Ideale ein/setzen
penser en Européen	europäisch denken (a, a, hat)
"nous sommes tous des habitants de cette planète"	"wir sind alle Planetarier"

les demandeurs d'asile	**die Asylanten (pl.)**
l'étranger apatride	der heimatlose Ausländer
le rapatrié, l'émigré	der Aussiedler (-)
le rapatrié d'origine allemande	der deutschstämmige Aussiedler
l'émigré d'ex-RDA	der Übersiedler (-)
le réfugié politique	der Asylant (en, en)
	♦ der politisch Verfolgte (en) adj. subst.
le demandeur d'asile	der Asylbewerber (-)
	♦ der Asylsuchende (n) adj. subst.
	♦ der Antragsteller (-)
la demande d'asile	der Asylantrag (¨e)
déposer une demande de droit d'asile	einen Asylantrag stellen

la requête	das Gesuch (e)
présenter une requête	ein Gesuch stellen
le foyer pour demandeurs d'asile	das Asylantenheim (e)
être reconnu comme réfugié politique	als politisch Verfolgter anerkannt werden
bénéficier du droit d'asile	Asylrecht genießen (o, o, hat)
la politique de l'immigration	**die Ausländerpolitik (sg.)**
accorder l'asile politique	Asyl gewähren
le débat concernant l'asile politique	die Asyldebatte (n)
la procédure de demande de droit d'asile	das Asylverfahren (sg.)
accélérer la procédure	das Verfahren beschleunigen
ne pas pouvoir assimiler le flot des réfugiés	den Flüchtlingsstrom nicht verkraften
être envahi	überschwemmt werden
la loi sur l'immigration	das Einwanderungsgesetz (e)
le paragraphe 16 de la Loi Fondamentale	der Paragraph 16 des Grundgesetzes (sg.)
la modification de la Constitution	die Verfassungsänderung (en)
modifier la Loi Fondamentale	das Grundgesetz ändern
intensifier les contrôles aux frontières	die Grenzkontrollen verschärfen
le visa d'entrée	das Visum (-s / Visen / Visa)
compliquer les démarches d'obtention des visas	die Visavergabe erschweren
l'interdiction d'entrer dans le pays	das Einreiseverbot (e)
le permis d'entrer dans le pays	die Einreiseerlaubnis (-se)
le quota	die Quote (n)
fixer des quotas	Quoten bestimmen
l'intégration	die Integration (sg.)
intégrer	integrieren
l'intégration, l'insertion	die Eingliederung (sg.)
intégrer	ein/gliedern
l'assimilation	die Assimilierung (sg.)
assimiler	assimilieren
la naturalisation	die Einbürgerung
naturaliser	ein/bürgern
l'acculturation	die Kulturaneignung (sg.)
favoriser l'originalité culturelle	die kulturelle Eigenständigkeit fördern
les coûts	**die Kosten (pl.)**
l'aide sociale	die Sozialhilfe (sg.)
les coûts de l'infrastructure	die Infrastrukturkosten (pl.)
l'hébergement	die Unterbringung (en)

l'accueil, l'assistance	die Betreuung (en)
promouvoir l'apprentissage de la langue	die Sprache fördern
promouvoir la formation	die Ausbildung fördern
faciliter l'entrée dans la vie active	den Einstieg in das Berufsleben erleichtern
le clandestin	**der Illegale (n) adj. subst.**
	♦ der illegal eingereiste Ausländer
le demandeur d'asile illicite	der Scheinasylant (en, en)
abuser du droit d'asile	das Asylrecht mißbrauchen
l'immigration clandestine	die illegale Einwanderung
les papiers falsifiés	die gefälschten Papiere (pl.)
faire entrer des étrangers dans le pays en fraude	Ausländer ins Land schmuggeln
l'amende	die Geldstrafe (n)
menacer de prison	mit Gefängnis bedrohen
attraper, prendre	erwischen
l'emprisonnement, la détention	die Haft (sg.)
expulser	aus/weisen (ie, ie, hat)
la troisième voie	**der dritte Weg (sg.)**
le capitalisme	der Kapitalismus (sg.)
le socialisme	der Sozialismus (sg.)
l'homme comme potentiel économique	der Mensch als Wirtschaftspotential
la satisfaction des besoins matériels	die Befriedigung materieller Bedürfnisse
le consommateur	der Verbraucher (-), der Konsument (en, en)
la production maximale	die maximale Produktion (sg.)
la consommation maximale	der maximale Konsum (sg.)
susciter des besoins	Bedürfnisse wecken
l'augmentation frénétique de la production et de la consommation	die rauschhafte Produktions- und Konsumsteigerung
la fascination du pays de cocagne	die Religion des Schlaraffenlandes (sg.)
la perte des valeurs	der Werteverlust (sg.)
le changement des valeurs	der Wertewandel (sg.)
inhumain	unmenschlich
une voie entre capitalisme et socialisme	ein Weg zwischen Kapitalismus und Sozialismus
conserver les points positifs des deux systèmes	das Gute an beiden Systemen behalten (ie, a, hat)
les nouvelles valeurs	die neuen Werte (pl.)
offrir une vie digne	ein menschenwürdiges Leben bieten (o, o, hat)
la considération des valeurs humaines	die Rücksicht auf menschliche Werte

respecter l'être humain	den Menschen respektieren
agir avec la conscience de ses responsabilités	verantwortungsbewußt handeln
conserver les acquis sociaux	die sozialen Errungenschaften bewahren
le consensus social	der soziale Konsens (sg.)
le principe de solidarité	das Solidaritätsprinzip (sg.)
la solidarité	der Zusammenhalt (sg.)
l'entraide	die Hilfe untereinander
apprendre à partager	teilen lernen
la compréhension	das Verständnis (sg.)
surmonter la division	die Teilung überwinden (a, u, hat)
la croissance qualitative	das qualitative Wachstum (sg.)
le bien commun	das Gemeinwohl (sg.)

2. Die Europäische Gemeinschaft

Die EG wurde zuerst als ein riesiger Markt gedacht. Die Gründerväter wollten durch gemeinsame Institutionen die europäischen Länder wirtschaftlich miteinander verbinden. Die Europapolitik hat in all den Jahren Fortschritte gemacht, weitere werden folgen. Denn Europa soll nicht nur ein Binnenmarkt sein, sondern auch finanziell, politisch, militärisch und sozial vereinheitlicht werden. Europa muß ein Raum ohne Grenzen werden, ohne physische Grenzen, aber auch ohne technische und kulturelle Grenzen. Dies könnte einen raschen wirtschaftlichen Aufschwung der Mitgliedsstaaten mit sich bringen. Aber die Einführung der europäischen Währung (ECU) stößt auf Widerstand, denn manche Länder beharren auf ihrer eigenen Währung. Gebiete, wie die Landwirtschaft und die Bildung, die die eigentlichen Wurzeln eines Landes bedeuten, konnten bis heute nur schwer, oder gar nicht, angeglichen werden. Die Pläne der Eurokraten sind zwar ehrgeizig, aber es bleibt die Frage, ob das Volk europäisch denkt. Europa existiert nur als Markt und nicht als kulturelle Vereinigung. Viele Europäer fühlen sich nicht direkt angesprochen : die Abwesenheit von Ideologie führt zu einer Europamüdigkeit, das notwendige Zusammengehörigkeitsgefühl fehlt. Nur eine europäische Erziehung könnte Europa eine Seele geben.

2. La Communauté Européenne

La CEE fut conçue dans un premier temps comme un immense marché. Les pères fondateurs voulurent lier économiquement les pays européens par des institutions communes. La politique européenne a fait des progrès durant toutes ces années ; d'autres se feront encore. En effet, l'Europe ne doit pas uniquement être un marché intégré, elle doit également être harmonisée financièrement, politiquement, militairement et socialement. L'Europe doit devenir un espace sans frontières – sans frontières physiques, mais aussi sans frontières techniques et culturelles : ceci pourrait susciter un rapide essor économique des pays membres. Toutefois, l'introduction de la monnaie européenne – l'ECU – provoque une résistance, car certains pays tiennent particulièrement à leur monnaie. Des domaines comme l'agriculture et la culture, qui sont les vraies racines d'un pays, n'ont pu jusqu'à aujourd'hui être harmonisés que difficilement, voire pas du tout. Les projets des technocrates sont certes ambitieux, mais on peut se demander si les peuples pensent en Européens. Il semble bien que l'Europe n'existe que sous forme de marché et non pas encore en tant qu'union culturelle. Beaucoup d'Européens ne se sentent pas directement concernés : ce vide idéologique conduit à une lassitude, le sentiment de cohésion manque. Seule une éducation européenne pourrait donner une âme à l'Europe.

l'Europe	Europa (sg.)
l'Européen	der Europäer (-)
européen (adj.)	europäisch
à l'échelle européenne	europaweit
la CEE	die EG (sg.)
les Douze	die Zwölf (pl.)
la Communauté des Douze	die Zwölfergemeinschaft (sg.)
les douze Etats membres	die zwölf Mitgliedstaaten (pl.)
l'union européenne	die Europäische Vereinigung (sg.) ♦ das Europäische Einigungswerk (sg.)
les pères fondateurs	die Gründerväter (pl.)
les traités de Rome	die Römischen Verträge (pl.)
la C.E.C.A	die EGKS (sg.)
la Communauté européenne du charbon et de l'acier	die Montanunion (sg.)
Euratom (Communauté européenne de l'énergie atomique)	Euratom (sg.)
l'acte unique européen	die Einheitliche Europäische Akte (sg.)
les accords de Lomé	die Lome Abkommen (pl.)
l'A.E.L.E	die EFTA (sg.)
l'Association européenne de libre-échange	die europäische Freihandelszone (sg.)
les Etats membres de l'A.E.L.E	die EFTA-Mitgliedstaaten (pl.)
les institutions	**die Institutionen (pl.)**
le Conseil de l'Europe	der Europarat (sg.)
le Parlement européen	das Europaparlament (sg.)
la Commission de Bruxelles	die Brüsseler Kommission (sg.)
la Cour de justice européenne	der Europäische Gerichtshof (sg.)
le Comité économique et social	das wirtschaftliche und soziale Komitee (sg.)
la Cour des comptes	der Rechnungshof (sg.)
la banque européenne d'investissement	die Europäische Investitionsbank (sg.)
le président de la Commission	der EG-Kommissionspräsident (sg.)
le ministre européen des affaires étrangères	der EG-Außenminister (-)
le commissaire européen	der EG-Kommissar (e)
le député européen	der Europaabgeordnete (n) adj. subst.

la politique européenne	**die Europapolitik (sg.)**
le sommet européen	der Europagipfel (-)
la conférence au sommet	die Gipfelkonferenz (en)
la rencontre au sommet	das Gipfeltreffen (-)
la déclaration au sommet	die Gipfelerklärung (en)
l'échiquier européen	das europäische Kräftespiel (sg.)
l'imbrication des intérêts	die Interessenverflechtung (en)
la coordination des politiques nationales	die Koordinierung der nationalen Politiken
la subsidiarité	die Subsidiarität (sg.)
le principe de subsidiarité	das Subsidiaritätsprinzip (sg.)
la consultation franco-allemande	die deutsch-französische Konsultation
le droit de codécision	das Mitentscheidungsrecht (sg.)
les compétences de la CEE	die EG-Kompetenzen (pl.)
	♦ die EG-Zuständigkeit (sg.)
le droit européen	das EG-Recht (sg.)
la législation européenne	die Gemeinschaftsgesetzgebung (sg.)
la directive	die Richtlinie (n)
le décret, la résolution	der Beschluß (¨sse)
l'arrêté, le décret, le règlement	die Verordnung (en)
le traité, l'accord	der Vertrag (¨e)
l'accord de Maastricht	der Vertrag von Maastricht
signer un accord	einen Vertrag unterzeichnen
le marché unique	**der Binnenmarkt (sg.)**
l'union économique et monétaire	die Wirtschafts-und Währungsunion (sg.)
l'espace économique européen	der europäische Wirtschaftsraum (sg.)
un marché gigantesque	ein Riesenmarkt (sg.)
l'intégration économique européenne	die EG-Marktintegration (sg.)
le bloc commercial	der Handelsblock (¨e)
la libre-circulation	der freie Verkehr (sg.)
des personnes	der Personen (pl.)
des biens	der Güter (pl.)
des capitaux	der Kapitalien (pl.)
des services	der Dienstleistungen (pl.)
l'harmonisation des impôts	die Angleichung der Steuern (pl.)
des droits de douane	der Zölle (pl.)
des tarifs	der Tarife (pl.)

l'Europe sans frontières	das grenzenlose Europa (sg.)
l'Europe sans barrières	das schrankenlose Europa (sg.)
l'espace sans frontières intérieures	der Raum ohne Binnengrenze (sg.)
la fin des barrières	das Ende der Hindernisse
des barrières physiques	der physischen Hindernisse (pl.)
des barrières techniques	der technischen Hindernisse (pl.)
des barrières fiscales	der steuerlichen Hindernisse (pl.)
la politique commune	die gemeinsame Politik (sg.)
pour le commerce	für den Handel (sg.)
pour la concurrence	für die Konkurrenz (sg.)
pour l'agriculture	für die Landwirtschaft (sg.)
pour la pêche	für die Fischerei (sg.)
pour le transport	für den Verkehr (sg.)
les ressources collectives	die kollektiven Ressourcen (pl.)
une aide contre la concurrence japonaise et américaine	eine Hilfe gegen die Konkurrenz von Japan und den USA
le développement de la production	die Entwicklung der Produktion
l'innovation des entreprises	die Innovation der Unternehmen
la baisse des coûts	die Kostensenkung (en)
la création d'emplois	die Arbeitsplatzbeschaffung (en)
l'harmonisation des normes et des standards	die Angleichung von Normen und Standards

l'intégration monétaire — die monetäre Integration (sg.)

le serpent monétaire	die Währungsschlange (sg.)
l'ECU	der / die ECU (European Currency Unit)
la monnaie européenne	die europäische Währung (sg.) ♦ das Euro-Geld (sg.) ♦ die Eurowährung (sg.)
la monnaie unique	die Einheitswährung (sg.) ♦ die einheitliche Währung (sg.)
le système monétaire européen	das europäische Währungssystem (EWS) (sg.)
l'union monétaire européenne	die europäische Währungsunion (EWU) (sg.)
l'unité de compte monétaire	die europäische Rechnungseinheit (sg.)
la suppression des monnaies nationales	die Abschaffung der nationalen Währungen
l'emprunt en ECU	die ECU-Anleihe (n)
les intérêts en ECU	die ECU-Zinsen (pl.)

définir les taux de change	die Wechselkurse fest/legen ♦ die Umtauschverhältnisse fest/schreiben (ie, ie, hat)
les fixer de manière irréversible	sie unwiderruflich fixieren
l'ajustement monétaire	die Währungsangleichung (en)
les conditions de l'ajustement	**die Bedingungen zur Angleichung**
la stabilité monétaire	die Währungsstabilität (sg.)
la réduction de la dette publique	die Reduzierung der Staatsverschuldung
la réduction du déficit budgétaire	die Reduzierung des Haushaltsdefizits
tenir compte de l'évolution du développement	die Entwicklungstendenz berücksichtigen

les finances de la CEE — die europäischen Finanzen (pl.)

le budget de la CEE	der EG-Haushalt (sg.)
le financement	die Finanzierung (en)
les recettes de la CEE	**die EG-Einnahmen (pl.)**
augmenter les recettes	die Einnahmen auf/stocken
le prélèvement agricole	die Agrarabschöpfung (en)
les taxes douanières	die Zollabgaben (pl.)
les taxes sur la valeur ajoutée	die Mehrwertsteueraufkommen (pl.)
les taxes selon le produit national brut	die Abgaben nach dem Bruttosozialprodukt
les dépenses de la CEE	**die EG-Ausgaben (pl.)**
endiguer le flot des dépenses	die Ausgabenflut ein/dämmen
financer la multiplication des tâches	die wachsenden Aufgaben finanzieren
la crise financière	**die Finanzkrise (n)**
le problème financier	das Finanzproblem (e)
exiger des contributions plus élevées	höhere Beiträge fordern
l'impôt européen	die Eurosteuer (sg.)
faire rentrer l'impôt européen	die Eurosteuer ein/treiben (ie, ie, hat)
l'impôt européen sur l'énergie	die europäische Energiesteuer (sg.)
la réorganisation des finances de la CEE	die Neuordnung der EG-Finanzen
l'assainissement du budget de la CEE	die Sanierung des EG-Etats (sg.)
le fond de cohésion	der Kohäsionsfonds (sg.)

la politique agricole commune	**die gemeinsame Agrarpolitik (sg.)**
la garantie de l'approvisionnement	die Sicherung der Versorgung
la modernisation	die Modernisierung (en)
la libre circulation des produits agricoles	der freie Verkehr der Agrarprodukte
l'excédent agricole	der Agrarberg (e), der Agrarüberschuß (¨sse)
les excédents augmentent	die Überschüsse steigen (ie, ie, ist)
la surproduction	die Überproduktion (sg.)
l'entrepôt	die Lagerhalle (n)
stocker	lagern
la chambre froide	das Kühlhaus (¨er)
le réfrigérateur	der Kühlschrank (¨e)
réduire, diminuer	ab/bauen
écouler, vendre	ab/setzen
gaspiller	verschleudern, vergeuden
la limitation de la production	**die Beschränkung der Produktion**
éliminer les excédents	die Überschüsse beseitigen
la baisse des prix agricoles	die Senkung der Agrarpreise
l'élimination des exploitations non rentables	das Ausscheiden unrentabler Betriebe
le programme d'extensification	das Extensivierungsprogramm (e)
la réglementation par des quotas	die Mengenanpassung (en)
les quotas de production	die Produktionsquote (n)
les quotas laitiers	die Milchquote (n)
les quotas sur la viande	die Fleischquote (n)
le gel des terres	die Flächenstillegung (en)
mettre en jachère	brach legen
être en jachère	brach liegen (a, e, hat)
la détresse sociale	**die soziale Not (sg.)**
l'inégalité des revenus	der Einkommensunterschied (e)
la perte de revenus	die Einkommenseinbuße (n) ♦ der Einkommensverlust (e)
le montant compensatoire	der Einkommensausgleich (e) ♦ der Ausgleichbetrag (¨e)
le versement compensatoire	die Ausgleichzahlung (en)
la garantie des prix et des ventes	die Preis-und Absatzgarantie (sg.)
le prix garanti	der Garantiepreis (e)
le prix fixé	der festgesetzte Preis

la subvention	die Subvention (en)
être tributaire des subventions	am Subventionstropf hängen (i, a, hat)
la lourde charge financière	der hohe Finanzaufwand (sg.)
limiter l'économie de marché	die Marktwirtschaft ein/schränken
le GATT	das GATT
l'accord général sur les tarifs douaniers et le commerce	der Rat des Allgemeinen Zoll-und Handelsabkommens (sg.)
l'Uruguay Round	die Uruguay-Runde (sg.)

les perspectives européennes — die europäischen Perspektiven (pl.)

le concept européen	das Europakonzept (sg.)
la tendance proeuropéenne	der Euro-Trend (sg.)
la technocratie	die Technokratie (sg.)
le technocrate	der Technokrat (en, en)
l'eurocrate	der Eurokrat (en, en)
l'eurosclérose	die Eurosklerose (sg.)
la lassitude face à l'Europe	die Europamüdigkeit (sg.)
"l'eurostratège"	der Eurostrateg (en, en)
la structure supranationale	das supranationale Gefüge (sg.)
Bruxelles, ville supranationale	das supranationale Brüssel (sg.)
lourd	schwerfällig
la forteresse européenne	die Festung Europa (sg.)
renforcer ses frontières	sich ab/schotten
se protéger de qch / se fermer à qch	sich ab/schotten gegen + A.
l'hégémonie nationale	die nationale Hegemonie (sg.)
la zone de protection nationale	der nationale Schutzraum (sg.)
le trouble-fête de l'Europe	**der Europastörenfried (e)**
abandonner, se retirer	aus/steigen (ie, ie, ist)
le" hors-jeu", la marginalité en Europe	das europäische Abseits (sg.)
la clause d'exception pour les Britanniques	die Ausnahmeklausel für die Briten
les Danois	die Dänen
tenir à la Livre	am Pfund fest/halten (ie, a, hat)
tenir fermement au DM	auf der DM beharren
l'Europe bureaucratique	**das bürokratische Europa (sg.)**
le vide	die Leere (sg.)

l'absence de contenu et d'idéologie	die Abwesenheit von Inhalt und Ideologie
l'âme	die Seele (n)
sans âme	seelenlos
la quête de l'identité	die Identitätssuche (sg.)
la nouvelle barbarie	die neue Barbarei
les ennemis de l'intérieur	die Feinde im Innern
la criminalité	die Kriminalität (sg.)
la drogue	die Droge (n)
l'urbanisation croissante	die wachsende Verstädterung (sg.)
culture et formation insuffisantes	mangelnde Bildung und Ausbildung
la politique commune	**die gemeinsame Politik (sg.)**
être pris au sérieux sur la scène internationale	auf der Weltbühne ernst genommen werden
l'élargissement	der Ausbau (sg.), die Ausweitung (en)
l'élargissement de la Communauté	die Erweiterung um neue Mitglieder
l'adhésion d'autres pays	die Aufnahme weiterer Länder
le renforcement	die Verstärkung (en)
la coopération militaire	die militärische Zusammenarbeit (sg.)
le corps d'armée européen	das Euro-Korps (sg.)
les soldats européens	die Euro-Soldaten (pl.)
la solidarité lors de catastrophes	die Katastrophenhilfe (n)
l'envoi d'observateurs	die Entsendung von Beobachtern
le convoi d'aide alimentaire	der Nahrungstransport (e)
la mobilisation de moyens	die Mobilisierung von Mitteln
l'élargissement des droits du Parlement	die Verstärkung der Parlamentsrechte
la démocratisation des institutions	die Demokratisierung der Institutionen
le scrutin majoritaire	die Mehrheitsabstimmung (en)
céder des compétences	Kompetenzen ab/geben (a, e, hat)
renoncer à la souveraineté	die Souveränität ab/treten (a, e, hat)
le principe de souveraineté	das Souveränitätsprinzip (sg.)
la fédération européenne	die europäische Föderation (sg.)
élire un président européen	einen europäischen Präsidenten wählen
la perspective d'une unification politique	die Aussicht auf die Politische Union (sg.)
l'union politique européenne	die Europäische Politische Union (EPU) (sg.)
la politique extérieure commune	die gemeinsame Außenpolitik (sg.)
la politique commune de la défense	die gemeinsame Sicherheitspolitik (sg.)
l'union monétaire européenne	die Europäische Monetäre Union (EMU) (sg.)
la banque centrale européenne	die Europäische Zentralbank (sg.)

la politique commune d'immigration et de droit d'asile	die gemeinsame Einwanderungs- und Asylpolitik (sg.)
la politique des visas	die Visapolitik (sg.)
la politique énergétique de la CEE	die europäische Energiepolitik (sg.)
la politique communautaire des déchets	die gemeinsame Abfallpolitik (sg.)
l'harmonisation du marché du médicament	die Angleichung des Pharmamarktes (sg.)
l'harmonisation de la législation (sg.) vétérinaire et phytosanitaire	die Angleichung in der Tier- und Pflanzenschutzgebung
la politique sociale communautaire	**die europäische Sozialpolitik (sg.)**
la charte sociale communautaire	die EG-Sozialcharta (sg.)
la collaboration de la police et de la justice	die Zusammenarbeit der Polizei und der Justiz (sg.)
le principe de cohésion	der "Kohäsions" Grundsatz (sg.)
l'équilibre entre le Nord et le Sud	der Ausgleich zwischen Nord und Süd (sg.)
le transfert financier	der Finanztransfer (sg.)
l'Europe culturelle	**das kulturelle Europa (sg.)**
l'ordre nouveau	die neue Ordnung, das neue Ordnungsgefüge
l'ère postnationale	die postnationale Ära (sg.)
la volonté de construire l'Europe	der Wille zu Europa (sg.)
insuffler une nouvelle vie à la politique	der Politik neues Leben ein/geben (a, e, hat)
redynamiser l'Europe	der Politik neuen Schwung geben (a, e, hat)
se fixer des buts	sich Ziele setzen
le sentiment de cohésion	das Zusammengehörigkeitsgefühl (sg.)
l'éducation européenne	die europäische Erziehung (sg.)
penser en Européen	europäisch denken (a, a, hat)
apprendre des langues	Sprachen lernen
l'échange scolaire	der Schüleraustausch (sg.)
apprendre la solidarité	die Solidarität lernen

3. Die Landwirtschaft

Die Landwirtschaft hat zwei Funktionen in einem Land. Der Landwirt pflegt die Landschaft, die natürliche Lebensgrundlage der Menschen, eine Arbeit, die man nicht genug schätzt. Er ist außerdem der Ernährer der Bevölkerung. Der Nahrungsmittelbedarf nimmt durch die Bevölkerungsexplosion ständig zu. Die Landwirte versorgen die Leute mit Milchprodukten, Getreide, Obst, Gemüse und Fleisch. Um genügend produzieren zu können, ist aus der Landwirtschaft eine Industrie geworden. Dank Maschinen, Chemikalien und Düngemitteln ist der Boden ertragreicher und die Viehzucht rentabler geworden. Diese Methoden sind jedoch schädlich für die Umwelt und die Nahrungsmittel. Trotz – oder wegen – der europäischen Agrarpolitik ist das Einkommen der Bauern heute gefährdet. Das Landleben ist keine Idylle : die Landwirte bleiben subventionsabhängig und müssen sogar einen Nebenerwerb betreiben. Manchmal ziehen sie einfach in die Stadt, um der Unsicherheit, der sehr schweren Arbeit und der Einsamkeit zu entfliehen.

In der Ex-DDR ist die Landwirtschaft marode. Die ehemaligen LPGs wurden aufgelöst. Diese Mammutbetriebe waren unwirtschaftlich und umweltschädlich. Die DDR-Bauern müßten eine Starthilfe erhalten, um sich selbständig zu machen und ihre Betriebe dem westdeutschen Niveau anzupassen.

3. L'agriculture

L'agriculture a deux fonctions dans un pays. L'agriculteur soigne le paysage, le cadre naturel vital pour l'homme – travail qui n'est pas assez pris en considération. En outre, il est le "nourricier" de la population. Le besoin en aliments croît constamment du fait de l'explosion démographique. Les agriculteurs fournissent produits laitiers, céréales, fruits, légumes et viande. Afin de produire suffisamment, l'agriculture est devenue une industrie. Grâce aux machines, aux produits chimiques, aux engrais et à l'élevage intensif, sols et animaux sont devenus plus productifs. Ces méthodes sont pourtant nuisibles à l'environnement et même aux aliments. Le revenu des paysans est, en outre, menacé aujourd'hui - malgré la politique agricole commune, à moins que ce ne soit à cause d'elle. La vie à la campagne n'est guère idyllique : les agriculteurs restent dépendants des subventions et ont même besoin d'une activité d'appoint, quand ils ne partent pas tout simplement pour la ville, fuyant l'insécurité, la dureté du travail et la solitude.

Dans l'ex-RDA, l'agriculture est en difficulté. Les anciennes coopératives de production agricoles ont été fermées : ces entreprises gigantesques étaient improductives et polluantes. Les paysans de RDA devraient obtenir un capital de départ afin de s'installer à leur compte et de mener leurs exploitations au niveau ouest-allemand.

l'agriculteur	der Landwirt (e)
le paysan, l'agriculteur	der Bauer (n, n)
le domaine de l'agriculture	der Agrarbereich (e)
le produit agricole	das Agrarprodukt (e)
l'offre de produits agricoles	das Agrarangebot (e)
la politique agricole	die Agrarpolitik (sg.) ♦ die Landwirtschaftspolitik (sg.)
le ministre de l'agriculture	der Agrarminister (-) ♦ der Landwirtschaftsminister (-)
le ministère de l'agriculture	das Agrarministerium (-rien) ♦ das Landwirtschaftsministerium (-rien)
le rapport sur la situation agricole	der Agrarbericht (e)
l'exploitation agricole	**der landwirtschaftliche Betrieb** ♦ die landwirtschaftliche Bewirtschaftung
la ferme	der Bauernhof (¨e)
la terre	das Land (sg.)
travailler la terre	auf dem Land arbeiten
la population rurale	die Landbevölkerung (en)
le domaine , la propriété	das Gut (sg.)
la grande exploitation	der Großbetrieb (e)
l'exploitation de moyenne importance	der Mittelbetrieb (e)
la petite exploitation	der Kleinbetrieb (e)
le petit producteur	der Kleinerzeuger (-)
l'exploitation familiale	der Familienbetrieb (e)
l'exploitation agricole à plein temps	der Vollerwerbsbetrieb (e)
l'exploitation agricole à temps partiel	der Teilerwerbsbetrieb (e)
la terre à bail	das Pachtland (sg.)
le preneur à bail, le gérant	der Pächter (-)
louer une ferme à bail, affermer	pachten

la portée sociale — die gesellschaftliche Bedeutung (sg.)

le "nourricier" de la population	**der Ernährer der Bevölkerung**
la production de nourriture	die Nahrungsmittelproduktion (en)
approvisionner en nourriture	mit Nahrungsmitteln versorgen
le besoin croissant de nourriture	der zunehmende Nahrungsmittelbedarf (sg.)
l'augmentation de la production	die Produktionssteigerung (en)
le producteur	der Erzeuger (-)

le consommateur	der Verbraucher (-)
l'autarcie	die Selbstversorgung (sg.)
le travail agricole	**die Landarbeit (sg.)**
fertile	fruchtbar
infertile	unfruchtbar
le climat	das Klima (s / ata)
le temps	das Wetter (sg.)
dépendre du temps	vom Wetter ab/hängen (i, a, hat)
le sol	der Boden (¨)
le champ	das Feld (er)
la surface agricole utile	die Nutzfläche (n)
l'hectare	das Hektar (s)
labourer	pflügen
cultiver	an/bauen, bestellen
la semence	die Saat (en)
semer	säen
planter	pflanzen
récolter	ernten
la récolte	die Ernte (n)
la méthode de culture	die Anbaumethode (n)
la serre	das Treibhaus (¨er)
la culture sous serre	die Unter-Glas-Kultur (en) ♦ die Treibhauskultur (en)
les céréales	das Getreide (sg.)
les légumineuses	die Hülsenfrüchte (pl.)
les légumes	das Gemüse (sg.)
les fruits	das Obst (sg.)
le fruit oléagineux	die Ölfrucht (¨e)
les oléagineux	die Ölsaaten (pl.)
la viticulture	der Weinbau (sg.)
l'élevage	**die Viehzucht (sg.)**
l'éleveur	der Viehzüchter (-)
le cheptel	der Viehbestand (sg.)
le bétail	das Vieh (sg.)
l'animal	das Tier (e)
l'élevage de bovins	die Rinderhaltung (en), die Rinderzucht (sg.)
la vache laitière	die Milchkuh (¨e)

le lait	die Milch (sg.)
le produit laitier	das Milchprodukt (e)
le lait en poudre	das Milchpulver (sg.)
le beurre	die Butter (sg.)
la vache à viande	die Fleischkuh (¨e)
le veau	das Kalb (¨er)
le boeuf, le bovin	das Rind (er)
le porc	das Schwein (e)
le mouton	das Schaf(e)
la viande	das Fleisch (sg.)
la nourriture, le fourrage, l'alimentation animale	das Futter (sg.)
l'élevage intensif	die intensive Tierhaltung (sg.) ♦ die konzentrierte Tierhaltung (sg.) ♦ die Massentierhaltung (sg.)
l'élevage extensif	die extensive Tierhaltung (sg.)
l'épizootie	die Tierseuche (n)
soigner, panser	pflegen
traire	melken (o, o, hat) ou faible
nourrir	füttern
engraisser	mästen

les méthodes modernes de production — die modernen Produktionsmethoden (pl.)

le savoir agricole moderne	das moderne Agrarwissen (sg.)
l'agriculture spécialisée	der spezialisierte Ackerbau (sg.)
la dotation en capital	die Kapitalausstattung (en)
la structure de production	die Produktionsstruktur (en)
les compétences du paysan	die Fähigkeit des Bauern

la technique de pointe — die modernste Technik

le développement technique	die technische Entwicklung
la machine	die Maschine (n)
la machine agricole	die Landmaschine (n)
la mécanisation	die Mechanisierung (en)

les produits chimiques — die Chemikalien (pl.)

l'utilisation de produits chimiques	der Einsatz chemischer Mittel
le pesticide	das Pestizid (e), das Vertilgungsmittel (-)

l'herbicide	das Herbizid (e)
	♦ das Unkrautvernichtungsmittel (-)
le fongicide	das Fungizid (e)
le produit phytosanitaire	das Pflanzenschutzmittel (-)
l'amélioration des sols	die Bodenverbesserung (sg.)
être productif, fertile	ergiebig sein
le rendement, la productivité	die Ergiebigkeit (sg.)
l'engrais chimique	der Dünger (-), das Düngemittel (-)
	♦ der Kunstdünger (-)
fertiliser, fumer	düngen
le purin	die Jauche (n)
le fumier	der Mist (sg.)
l'azote	der Stickstoff (sg.)
le phosphate	das Phosphat (e)
la potasse	das Kali (sg.)
la chaux	der Kalk (sg.)
chauler	mit Kalk düngen
la marne	der Mergel (sg.)
marner	mit Mergel düngen

l'industrialisation de l'agriculture — die Industrialisierung der Landwirtschaft (sg.)

la multinationale agricole	der Agrarmulti (s)
l'entreprise agricole	das Agrarunternehmen (-)
l'industrie agro-alimentaire	die Ernährungsindustrie (n)
	♦ die Agro-Industrie (n)
la fourniture de matières premières agricoles pour l'industrie	die Lieferung agrarischer Rohstoffe für die Industrie
l'agriculteur high-tech	der High-Tech-Landwirt (e)
investir	investieren
gérer, exploiter	bewirtschaften
productif, lucratif	ertragreich
le revenu	das Einkommen (-)
la recette, le produit	der Erlös (e)
le produit, le rendement	der Ertrag (¨e)
le bénéfice	der Gewinn (e)
le profit, le gain	der Profit (e)

le pollueur	**der Umweltsünder (-)**
la ferme classique	der konventionelle Hof
l'exploitation gérée de manière classique	der herkömmlich geführte Betrieb
l'agriculture chimique	die chemische Landwirtschaft (sg.)
les aliments classiques	die konventionellen Lebensmittel (pl.)
épandre de manière excessive	überdüngen
l'épandage excessif	die Überdüngung (en)
l'érosion des sols	die Bodenerosion (sg.)
l'usure des sols	der Bodenverbrauch (sg.)
l'empoisonnement des eaux souterraines et des cours d'eau	die Vergiftung von Grundwasser und Fließgewässer
l'empoisonnement des aliments	die Vergiftung der Lebensmittel
la destruction de la nature	die Naturzerstörung (en)
bétonner le site, le paysage	die Landschaft zubetonieren
la disparition de la faune et de la flore	das Aussterben der Fauna und der Flora (sg.)
le principe selon lequel les pollueurs seront les payeurs	das Verursacherprinzip (sg.)

la mort du paysan	**das Bauernsterben (sg.)**
le désenchantement, l'insécurité à la campagne	die Unsicherheit auf dem Land (sg.)
la régression des bénéfices	der Gewinnrückgang (sg.)
la perte	die Einbuße (n)
la baisse du prix à la production	die sinkenden Erzeugerpreise (pl.)
les moyens d'exploitation devenus trop chers	die verteuerten Betriebsmittel (pl.)
la dépense	die Aufwendung (en)
dépendre de subventions	von Subventionen ab/hängen (i, a, hat)
être en retard, arriéré	rückständig sein
se sentir exclu	sich ausgeschlossen fühlen
la solitude	die Einsamkeit (sg.)
se suicider	Selbstmord begehen (i, a, hat)
être attiré par la ville	von der Stadt angezogen sein
l'exode rural	die Landflucht (sg.)
la disparition des fermes	das Hofsterben (sg.)

la nouvelle portée sociale	**die neue gesellschaftliche Bedeutung**
le jardinier de l'environnement	der Landschaftspfleger (-)
l'entretien du paysage et de l'environnement	die Pflege von Landschaft und Umwelt (sg.)
la gestion des champs, prés et forêts	Acker-Wiesen- und Waldbewirtschaftung (sg.)
la conservation du paysage	der Erhalt der Landschaft
le retour à la nature	zurück zur Natur
le cadre naturel vital	die natürliche Lebensgrundlage
l'espace pour les loisirs et le repos	der Freizeit-und Erholungsraum (sg.)
le paysan écologiste	der Ökobauer (n, n)
l'exploitation écologique	der ökologische Betrieb, der Bio-Betrieb (e) ♦ der alternative Betrieb
l'exploitation non polluante	die umweltschonende Bewirtschaftung (sg.)
produire en harmonie avec la nature	umweltgerecht produzieren
la culture écologique	der umweltgerechte Ackerbau (sg.)
le produit écologique	das Öko-Produkt (e)
sain	gesund
qui respecte les espèces	artgerecht
une politique agricole adaptée à son temps	eine zeitgemäße Agrarpolitik (sg.)
renoncer à la chimie et à l'élevage intensif	auf Chemie und Massentierhaltung verzichten
se reconvertir à	sich um/stellen auf + A.
avoir une activité d'appoint	einen Nebenerwerb betreiben (ie, ie, hat)
le syndicat paysan	der Bauernverband (¨e)
l'économie collectiviste	**die Kollektivwirtschaft (sg.)**
la coopérative de production agricole	die LPG [Produktionsgenossenschaft (en)]
le kolkhoze	die Kolchose (n), der/das Kolchos (e)
le bien de l'Etat	das Volkseigene Gut (sg.)
la coopérative	die Genossenschaft (en)
l'entreprise surdimensionnée	der überdimensionierte Betrieb
l'entreprise gigantesque	der Mammutbetrieb (e)
la séparation stricte entre élevage et culture	die strenge Trennung von Tier- und Pflanzenproduktion (sg.)
le faible rendement	**die geringe Leistung**
non rentable, improductif	unwirtschaftlich
nuisible à l'environnement	umweltschädlich
incapable de survivre	nicht überlebensfähig

l'adaptation à la structure agricole ouest-allemande	**die Anpassung an die westdeutsche Agrarstruktur**
relier deux structures agricoles	zwei Agrarstrukturen zusammen/fügen
la dissolution des coopératives	die Auflösung der LPGs
une manière de travailler plus rationnelle	eine rationellere Arbeitsweise
augmenter la productivité	die Leistung erhöhen
réduire la consommation d'énergie	den Energieverbrauch verringern
le capital de départ	die Starthilfe (sg.)
le prêt à faible taux d'intérêt	das zinsgünstige Darlehen
s'endetter	sich verschulden
s'établir à son compte	sich selbständig machen
acquérir l'autonomie	die Selbständigkeit erlangen

4. Die Umwelt

Die Zerstörung der Umwelt ist die größte Gefahr für die Menschen in den nächsten Jahren. Das Ökosystem ist aus dem Gleichgewicht geraten. Luft, Erde und Wasser sind stark belastet. Die FCKWs durchlöchern die Ozonschicht, die uns vor den ultravioletten Strahlen schützt. Der Treibhauseffekt hat die Erwärmung der Erde, schlimme Klimaveränderungen, sogar Krankheiten zur Folge. Der Wald wird überall auf der Welt durch Raubbau, Rodung oder den sauren Regen beschädigt, was Biotope und die Tier-und Pflanzenwelt bedroht. Die Städte dehnen sich aus, die Menschen leiden unter dem Lärm und unter der unmenschlichen Stadtlandschaft. Die reichen Industrienationen, wie auch die Dritte Welt, drohen unter der Müllflut zu ersticken.

Das Problem der Umweltverschmutzung hat einen globalen Charakter und muß deshalb auch global, das heißt international, gelöst werden. Experten suchen nach einer weltweiten Umweltpolitik. Ein qualitatives Wachstum, die Suche nach umweltschonenden Alternativen, die Entwicklung der Wiederverwertung, Sparmaßnahmen und insbesondere eine globale Bewußtwerdung des Problems können den blauen Planeten retten.

4. L'environnement

La destruction de l'environnement est le plus grave danger à venir pour l'humanité. L'écosystème est désorganisé. L'air, la terre et l'eau sont fortement pollués. Les CFC trouent la couche d'ozone qui nous protège des rayons ultraviolets. L'effet de serre entraîne le réchauffement de la terre, de graves changements climatiques, voire des maladies. Partout sur la planète, la forêt est endommagée par une exploitation abusive, le défrichage ou les pluies acides - ce qui menace les biotopes ainsi que le règne animal et végétal. Les villes s'étendent, leurs habitants souffrent du bruit et du paysage urbain déshumanisé. Les nations industrialisées, tout comme le Tiers Monde, sont menacés d'étouffer sous le flot des déchets.

Le problème de la pollution a un caractère global et doit donc trouver une solution globale, c'est à dire internationale. Des experts cherchent à établir une politique mondiale de l'environnement. Une croissance qualitative, la recherche d'alternatives non polluantes, le développement du recyclage, des mesures d'économie et surtout une prise de conscience générale du problème peuvent sauver la planète bleue.

la pollution	die Umweltverschmutzung (sg.)
	♦ die Umweltbelastung (en)
les nuisances	die Umweltschäden (pl.)
la destruction de l'environnement	die Umweltzerstörung (en)
la catastrophe écologique	die Umweltkatastrophe (n)
polluant	umweltfeindlich
le non-respect de l'environnement	die Umweltsünde (n)
le pollueur, le contrevenant	der Umweltsünder (-), der Umweltfrevler (-)
l'écologie	die Ökologie (sg.)
l'écologiste	der Ökologe (n, n)
l'alerte écologique	der Öko-Alarm (sg.)
le terrorisme écologique	der Öko-Terror (sg.)
le poison	das Gift (e)
toxique	giftig
hautement toxique	hochgiftig
empoisonner	vergiften
contaminer	verseuchen
polluer	verpesten, verschmutzen, belasten

l'air	**die Luft (sg.)**
l'atmosphère	die Atmosphäre (sg.)
l'oxygène	der Sauerstoff (sg.)
la pollution de l'air	die Luftverschmutzung (sg.)
le polluant, la substance nuisible	der Schadstoff (e)
l'émission, l'émanation, le rejet	der Ausstoß (sg.), die Emission (en)
l'émanation de substances nuisibles	die Schadstoffemission (en)
la saleté	der Dreck (sg.), der Schmutz (sg.)
la poussière	der Staub (sg.)
les gaz d'échappement	die Abgase (pl.)
l'alerte au smog	der Smogalarm (sg.)
le gaz carbonique	das Kohlendioxid (sg.)
le dioxyde de soufre	das Schwefeldioxid (sg.)
les oxydes d'azote	die Stickoxide (pl.)
l'azote	der Stickstoff (sg.)
l'ozone	**das Ozon (sg.)**
la couche d'ozone	die Ozonschicht (sg.)

le rempart de protection	der Schutzschild (sg.), der Schutzschirm (sg.)
s'amincir	dünn werden
devenir perméable	durchlässig werden
trouer	durchlöchern
être troué	durchlöchert sein
le trou	das Loch (¨er)
le pôle Sud	der Südpol (sg.)
le pôle Nord	der Nordpol (sg.)
l'Antarctique	die Antarktis (sg.)
l'Arctique	die Arktis (sg.)
le rayon	der Strahl (en)
les rayons ultraviolets	die ultravioletten Strahlen (pl.)
pénétrer	ein/dringen (a, u, ist) in + A.
les CFC	die FCKWs (pl.)
le gaz propulseur	das Treibgas (e)
la bombe aérosol	die Spraydose (n)
le solvant	das Lösemittel (-)
le liquide de refroidissement	das Kühlmittel (-)
l'effet de serre	**der Treibhauseffekt (sg.)**
les rayons infrarouges	die infraroten Strahlen (pl.)
s'échapper	hinaus/dringen (a, u, ist)
ne plus pouvoir s'échapper	nicht mehr hinausdringen können
le réchauffement de la terre	die Erderwärmung (sg.)
l'élévation des températures	der Temperaturanstieg (sg.)
la chaleur	die Hitze (sg.)
le manque d'eau	der Wassermangel (sg.)
la sécheresse	die Trockenheit (sg.)
la sécheresse, l'aridité	die Dürre (sg.)
le désert	die Wüste (n)
le changement de climat	die Klimaveränderung (en)
les précipitations	die Niederschläge (pl.)
l'inondation	die Überschwemmung (en)
la fonte des glaces	die Eisschmelze (sg.)
le niveau de la mer monte	der Meeresspiegel steigt (ie, ie, ist)

la terre	die Erde (sg.)
la biomasse	die Biomasse (sg.)
la désertification	die Verwüstung (sg.), die Desertifikation (sg.)
l'érosion	die Erosion (en)
se dessécher	verdorren
la salinisation	die Versalzung (sg.)
être malade du sel	salzkrank sein
s'envaser	verschlammen
s'ensabler	versanden
pauvre en substances nutritives	nährstoffarm
l'engrais	das Düngemittel (-)
l'emploi de machines	der Maschineneinsatz (sg.)
la mauvaise gestion	die Mißwirtschaft (sg.)
faire mauvais usage de	mißbrauchen
lessiver	aus/laugen, aus/waschen (u, a, hat)
ravager, dévaster	verwüsten
épuiser	erschöpfen

la forêt	der Wald (¨er)
la forêt tropicale	der Regenwald (¨er)
la forêt "pluvieuse", tropicale	der Feuchtwald (¨ er)
la forêt équatoriale	der Tropenwald (¨er)
la forêt vierge	der Urwald (sg.)
la jungle	der / die / das Dschungel (der ~ (-), die ~ (n), das ~ (-))
le bois exotique	das tropische Holz (sg.)
le dépérissement des forêts	das Waldsterben (sg.)
les pluies acides	der saure Regen (sg.)
couper des arbres	Bäume fällen (pl.)
déboiser	ab/holzen
défricher	roden, urbar machen
le défrichage	die Rodung (en)
l'exploitation abusive	der Raubbau (sg.)
la coupe à blanc, la coupe claire	der Kahlschlag (sg.)
piller, saccager	plündern
la technique du brûlis	der Flächenbrand (sg.)

brûler	verbrennen (a, a, hat), ab/fackeln
l'exploitation forestière	die Forstwirtschaft (sg.)
la faune et la flore	die Tier- und Pflanzenwelt (sg.)
la flore	die Flora (sg.)
la faune	die Fauna (sg.)
les espèces végétales menacées	die bedrohten Pflanzenarten (pl.)
les espèces animales menacées	die bedrohten Tierarten (pl.)
le biotope	der Biotop (e)
l'écosystème	das Ökosystem (e)
la chaîne biologique	die biologische Kette (sg.)
la chaîne alimentaire	die Nahrungskette (sg.)
l'équilibre	das Gleichgewicht (sg.)
perdre l'équilibre	aus dem Gleichgewicht geraten (ie, a, ist)
le déséquilibre	die Gleichgewichtsstörung (en)
l'exploitation	die Ausbeutung (sg.)
exploiter	aus/beuten
l'extermination	die Ausrottung (en)
exterminer	aus/rotten
la mort, l'extinction	das Aussterben (sg.)
le braconnier	der Wilderer (-)
l'éléphant	der Elefant (en, en)
l'ivoire	das Elfenbein (sg.)
la défense	der Stoßzahn (¨e)
le commerce de l'ivoire	der Elfenbeinhandel (sg.)
périr, se dépeupler	aus/sterben (a, o, ist)

l'eau	**das Wasser (sg.)**
l'océan	der Ozean (e)
la mer	das Meer (e), die See (n)
le fleuve, la rivière	der Fluß (¨sse)
les eaux souterraines, la nappe phréatique	das Grundwasser (sg.)
le niveau des eaux souterraines	der Grundwasserspiegel (sg.)
la pollution de l'eau	die Wasserverschmutzung (sg.)
le cloaque	die Kloake (n)
l'épandage excessif	die Überdüngung (en)
les nitrates	die Nitrate (pl.)
la prolifération des algues	die Algenpest (sg.)

les algues prolifèrent, l'eutrophisation	die Algen wuchern (pl.)
la marée noire	die Ölpest (sg.)
le pétrolier	der Öltanker (-)
la nappe de pétrole	der Ölteppich (e)
le phoque	die Robbe (n), der Seehund (e)
la mort des phoques	das Robbensterben (sg.)
l'algue	die Alge (n)
la pêche	die Fischerei (en), der Fischfang (sg.)
les ustensiles de pêche	das Fanggerät (e)
surexploiter la mer	überfischen
le filet dérivant	das Treibnetz (e)
la chasse à la baleine	der Walfang (sg.)
les quotas de pêche	die Fangquoten (pl.)

les ordures, les déchets (pl.) — der Müll (sg.)

la société de gaspillage	die Wegwerfgesellschaft (en)
la surabondance, le surplus	der Überfluß (sg.)
jeter	weg/werfen (a, o, hat)
gaspiller, gâcher	vergeuden, verschwenden
le déchet	der Abfall (¨e)
la décharge publique	die Müllkippe (n), die Mülldeponie (n) ♦ die Müllabladestelle (n), die Abfallhalde (n)
les ordures ménagères	der Hausmüll (sg.)
les déchets spéciaux	der Sondermüll (sg.)
les déchets toxiques	der Giftmüll (sg.)
les déchets hospitaliers	der Klinikmüll (sg.)
les ordures encombrantes	der Sperrmüll (sg.)
la montagne de déchets	der Müllberg (e)
l'enlèvement des ordures	die Müllabfuhr (sg.)
les décharges sont arrivées à saturation	die Deponiekapazitäten sind erschöpft
l'état d'urgence dans le domaine des déchets	der Müllnotstand (sg.)
l'envoi des déchets hors frontières	der Mülltourismus (sg.)
la décharge sauvage	die wilde Müllhalde
le scandale	der Skandal (e)
le traitement inapproprié des ordures	die unsachgemäße Behandlung des Mülls
l'élimination des déchets	die Müllbeseitigung (en)
l'usine d'incinération des ordures	die Hausmüllverbrennungsanlage (n)

la poubelle (50 litres)	der Mülleimer (-)
la poubelle (100 litres)	die Mülltonne (n)
la poubelle sélective	die grüne Tonne, die Biotonne (n)
trier	aus/sortieren
les eaux usées	die Abwässer (pl.)
l'élimination des eaux usées	die Abwasserentsorgung (sg.)
la station d'épuration	die Kläranlage (n)
les déchets radioactifs	**der Atommüll (sg.)**
	♦ der radioaktive Abfall
les rayons	die Strahlen (pl.)
le danger d'irradiation	die Strahlengefahr (sg.)
la radioactivité	die Radioaktivität (sg.)
la panne, l'incident technique	der Störfall (¨e)
l'accident	der Unfall (¨e)
le stockage définitif	die Endlagerung (en)
le lieu de stockage définitif	die Endlagerungsstätte (n)
l'élimination des déchets radioactifs	die Entsorgung (sg.)
éliminer les déchets radioactifs	entsorgen
décontaminer	entgiften
le retraitement des déchets radioactifs	die Wiederaufbereitung (en)
retraiter les déchets nucléaires	wiederaufbereiten
l'usine de retraitement des déchets radioactifs	die Wiederaufbereitungsanlage (n)
le recyclage	**das Recycling (pron. angl.) sg.**
	♦ die Wiederverwertung (en)
recycler	recyceln (pron. angl.), wiederverwerten
l'emballage	**die Verpackung (en)**
l'emballage plastique	die Kunststoffverpackung (en)
le flot d'emballages	die Verpackungsflut (en)
la bouteille plastique	die Plastikflasche (n)
la bouteille en verre	die Glasflasche (n)
la bouteille non consignée	die Einwegflasche (n)
la bouteille consignée	die Pfandflasche (n)
la consigne	der Pfand (sg.)
l'emballage perdu	die Einwegpackung (en)
le vieux papier	das Altpapier (sg.)

le papier recyclé	das Ökopapier (sg.)
le verre usagé	das Altglas (sg.)
les objets de récupération	die Altware (n)
la voiture hors d'usage	**der Altwagen (-)**
la garantie de reprise	die Rücknahmegarantie (n) ♦ die Rücknahmezusage (n)
l'épave	das Autowrack (s)
le recyclage des vieilles voitures	die Altautoverwertung (en)
la ferraille	der Schrott (sg.)
la casse	der Schrottplatz (¨e)
envoyer à la casse	zum Verschrotten geben (a, e, hat)
le commerce de la ferraille	der Schrotthandel (sg.)
démonter	zerlegen, demontieren
démonter en vue de réutiliser	aus/schlachten, aus/bauen
trier	aus/mustern
fondre, refondre	ein/schmelzen (o, o, hat)
réutiliser, récupérer	wiederverwenden
utilisable	verwertbar
le parc automobile	der Wagenpark (s)
l'automobile neuve	das Neufahrzeug (e)
le constructeur automobile	der Autobauer (-)

les produits chimiques — die Chemikalien (pl.)

le phosphate	das Phosphat (e)
phosphaté	phosphathaltig
le PCB	das PCB (Polychlorbiphenyle)
le PVC	das PVC (Polyvinylidenchlorid)
la pile bouton	die Knopfbatterie (n)
les métaux lourds	die Schwermetalle (pl.)
les résidus toxiques	die toxischen Rückstände (pl.)
l'empoisonnement des aliments	die Lebensmittelvergiftung (sg.)
les additifs chimiques	die künstlichen Zusatzstoffe (pl.)
le colorant	der Farbstoff (e)
le conservateur	das Konservierungsmittel (-)
le scandale du veau aux hormones	der Hormonskandal beim Kalb
être cancérigène	krebserzeugend, krebserregend sein

la ville	**die Stadt (¨e)**
la crise urbaine	die städtische Krise
région à forte concentration humaine	der Ballungsraum (¨e), das Ballungsgebiet (e)
la forte densité de population	die hohe Bevölkerungsdichte (sg.)
le développement urbain	die urbane Entwicklung ♦ die Stadtentwicklung (en)
l'urbanisation	die Verstädterung (en)
la densification de la ville	die Verdichtung der Stadt
la banlieue	der Stadtrand (¨er), der Vorort (e) ♦ die Vorstadt (¨e), die Bannmeile (n)
s'étendre	sich aus/dehnen, sich aus/breiten
la mégalopole	die Megalopole (n)
la ville tentaculaire	die Riesenstadt (¨e)
la croissance anarchique, incontrôlée	das unkontrollierte Wachstum (sg.)
être mal planifié(e)	schlecht geplant sein
l'asphalte	der Asphalt (sg.)
le béton	der Beton (sg.)
bétonner	zubetonieren
la destruction de l'espace de vie	die Zerstörung des Lebensraums
être inhumain, nuisible à l'homme	menschenfeindlich sein
la circulation	der Verkehr (sg.)
l'embouteillage	der Verkehrsstau (s / e)
l'embouteillage chronique	der Verkehrsinfarkt (sg.) ♦ der Verkehrskollaps (sg.)
l'accident	der Unfall (¨e)
le bruit	der Lärm (sg.)
la pollution sonore	die Lärmbelästigung (en)
la nuisance sonore	die Lärmbeschädigung (en)
le degré d'intensité sonore	der Lärmpegel (-)
le quartier insalubre	das Elendsviertel (-)
la cité insalubre	die Elendssiedlung (en)
la discrimination sociale et ethnique	die soziale und ethnische Diskriminierung
le ghetto	das Getto (s)
la criminalité	die Kriminalität (sg.)

la protection de l'environnement	**der Umweltschutz (sg.)**
la politique de l'environnement	die Umweltpolitik (sg.)
le ministre de l'environnement	der Umweltminister (-)
les Verts	die Grünen (pl.)
le mouvement alternatif	die alternative Bewegung
le comité de citoyens	die Bürgerinitiative (n)
le protecteur de l'environnement	der Umweltschützer (-)
non polluant, écologique	umweltfreundlich ♦ umweltschonend, umweltgerecht
le souci de l'environnement	das Umweltbewußtsein (sg.)
la protection de la nature	der Naturschutz (sg.)
mettre la nature sous protection	unter Naturschutz stellen
la préservation des climats	der Klimaschutz (sg.)
le site protégé	das Schutzgebiet (e)
la protection des espèces	der Artenschutz (sg.)
reboiser	auf/forsten
le reboisement	die Aufforstung (en)
la croissance qualitative	**das qualitative Wachstum (sg.)**
l'exploitation extensive agricole	die Extensivierung der Landwirtschaft (sg.)
la réduction des CFC	der Abbau der FCKWs
la réduction des rejets	die Reduzierung der Emissionen
la modernisation des installations	die Modernisierung der Anlagen
le filtre	der / das Filter (-)
installer des filtres	Filter ein/bauen
les substances biodégradables	die biologisch abbaubaren Stoffe (pl.)
les produits sans phosphates	die phosphatfreien Produkte (pl.)
la loi sur les déchets	das Abfallgesetz (e)
la limitation des ordures	die Müllvermeidung (sg.)
endiguer le flot des ordures	die Müllflut ein/dämmen
le principe selon lequel les pollueurs seront les payeurs	das Verursacherprinzip (sg.)
les impôts pour l'environnement	die Umweltsteuern (pl.), die Öko-Steuern (pl.)
l'augmentation de l'impôt sur le pétrole	die Erhöhung der Ölsteuer
développer les énergies alternatives	die alternativen Energien entwickeln
la limitation de vitesse	das Tempolimit (sg.) ♦ die Geschwindigkeitsbegrenzung (en)

réduire la circulation privée	den privaten Verkehr reduzieren
développer les moyens de transports publics	die öffentlichen Transportmittel aus/bauen
la petite voiture économique	der sparsame Kleinwagen
l'automobile solaire	das Solarmobil (e)
l'automobile de ville	das City-Mobil (e)
silencieux	leise
le carburant vert	das Öko-Benzin (sg.)
l'essence sans plomb	das bleifreie Benzin (sg.)
passer à l'essence sans plomb	auf bleifrei um/steigen (ie, ie, ist)
le pot catalytique	der Katalysator (en)
sans gaz d'échappement	abgasfrei
l'éthique de l'urbanisme	**die Ethik der Stadtplanung (sg.)**
la municipalité	die Stadtverwaltung (en)
l'urbanisme	der Städtebau (sg.)
l'urbanisme, l'aménagement des villes	die Stadtplanung (en)
l'urbaniste	der Stadtplaner (-)
l'infrastructure	die Infrastruktur (en)
surveiller la santé publique	die öffentliche Gesundheit beaufsichtigen
la lutte contre le bruit	die Lärmbekämpfung (en)
prendre des mesures contre le bruit	Lärmschutzmaßnahmen treffen (a, o, hat)
la zone piétonne	die Fußgängerzone (n)
interdire l'accès au centre ville	die Innenstadt sperren
les espaces verts	die Grünflächen (pl.)
la rénovation des quartiers anciens	die Stadtsanierung (en)
conserver la couleur locale	das Lokalkolorit bewahren (sg.)
être vivant	lebhaft sein
permettre la détente, le repos	die Erholung ermöglichen
le charme urbain	der urbane Charme (sg.)
une ville humaine, agréable	eine menschenfreundliche Stadt

5. Die Energie

Die Energie ist die Triebkraft der modernen Wirtschaft und des modernen Lebens. Die Energiequellen, die heute am meisten verwendet werden, sind die fossilen Brennstoffe : Erdöl, Kohle und Gas. Sie sind effizient, verschmutzen aber die Umwelt und sind leider nicht unbegrenzt. Eines Tages sind die Vorräte zu Ende. Außerdem sind die Industrienationen stark von den OPEC-Ländern abhängig, was einige, zum Beispiel Frankreich, dazu führt, ihre Unabhängigkeit durch die Entwicklung der Kernenergieproduktion zu erreichen. Letztere ist zwar sauber aber nicht sicher : die Risiken eines Unfalls sind groß, und die Entsorgung des Atommülls ist schwer. Die ideale Lösung wäre die Entwicklung der alternativen Energien Sonne, Wind, Wasser und Erdwärme. Diese Quellen sind immer da, unerschöpflich und umweltfreundlich – insbesondere für die Dritte Welt geeignet. Bis heute sind sie jedoch zu teuer, deshalb nicht konkurrenzfähig. Ihre Verbesserung wird noch nicht intensiv gefördert.

Das Energieproblem wird in den nächsten Jahren akut werden. Es geht darum, die Energie zu sparen, und auf saubere und sichere Energiequellen umzusteigen.

5. L'énergie

L'énergie est le moteur de l'économie et de la vie modernes. Les sources d'énergie les plus utilisées aujourd'hui sont les combustibles fossiles : pétrole, charbon, gaz. Ils sont efficaces, mais polluent l'environnement et ne sont, hélas, pas renouvelables. Un jour, les stocks seront épuisés. En outre, les nations industrialisées sont très dépendantes des pays de l'OPEP, ce qui conduit certaines – la France par exemple – à tendre à l'autonomie en développant la production d'énergie nucléaire. Cette dernière est propre mais peu sûre : les risques d'accident sont grands et le traitement des déchets nucléaires est difficile. La solution idéale serait le développement des énergies alternatives : soleil, vent, eau et géothermie. Ces sources sont toujours disponibles, inépuisables, non polluantes – appropriées au Tiers Monde surtout. A ce jour, pourtant, elles sont encore trop coûteuses et donc non compétitives. Leur amélioration n'est pas encore intensivement entreprise.

Le problème de l'énergie se posera de manière aiguë dans les années proches. Il s'agit d'économiser l'énergie et d'opter pour des alternatives propres et sûres.

la source d'énergie	die Energiequelle (n), der Energieträger (-)
le combustible	der Brennstoff (e)
les ressources	die Ressourcen (pl.)
les réserves augmentent	die Reserven wachsen (u, a, ist)
les réserves diminuent	die Reserven schrumpfen
les besoins énergétiques	der Energiebedarf (sg.)
la consommation d'énergie	der Energieverbrauch (sg.)
la production énergétique	die Energieerzeugung (en)
	♦ die Energieproduktion (en)
	♦ das Energieaufkommen (-)
l'approvisionnement énergétique	die Energieversorgung (en)

l'économie énergétique — die Energiewirtschaft (sg.)

le secteur de l'énergie	der Energiebereich (e)
le moteur de l'économie	die Triebkraft der Wirtschaft (sg.)
le moteur de la croissance	die Triebkraft des Wachstums (sg.)
satisfaire les besoins croissants	den steigenden Bedarf decken
le retard de l'Est	der Nachholbedarf im Osten (sg.)
qui produit de l'énergie	energiegewinnend
qui consomme de l'énergie	energieverbrauchend
grand consommateur d'énergie	energieintensiv, energieschluckend
une industrie "énergivorace"	eine energiefressende Industrie
le gros consommateur	der Großabnehmer (-)
le petit consommateur	der Kleinverbraucher (-)
l'explosion démographique	die Bevölkerungsexplosion (sg.)
l'approvisionnement des ménages	die Versorgung der Haushalte
le chauffage	die Heizung (en)
chauffer	heizen
le confort, la commodité	die Bequemlichkeit (sg.)
le confort	der Komfort (sg.)
le gaspillage	die Verschwendung (en)
dépendre de l'importation d'énergie	von Energie-Importen ab/hängen (i, a, hat)
la vulnérabilité des pays industrialisés	die Verwundbarkeit der Industrieländer
l'insuffisance de l'approvisionnement	die Versorgungslücke (n)

les énergies fossiles	**die fossile Energie (sg.)**
l'énergie primaire	die Primärenergie (n)
les sources d'énergies classiques	die herkömmlichen Energieträger (pl.)
le gisement	das Vorkommen (-)
la réserve, le stock	der Vorrat (¨)
la réserve limitée	der begrenzte Vorrat
l'extraction, la production	die Förderung (en)
la transformation, le traitement	die Verarbeitung (en)
le transport	der Transport (e)
le pétrole	**das Öl (sg.)**
	♦ das Erdöl (sg.), das Mineralöl (sg.)
le carburant	der Treibstoff (e)
l'essence	das Benzin (sg.)
le gasoil, le gazole	das Dieselöl (sg.)
le baril	das Barrel (s) pron. angl.
le champ pétrolifère	das Erdölfeld (er)
exploiter de nouveaux gisements de pétrole	neue Erdölvorkommen erschließen (o, o, hat)
le derrick	der Bohrturm (¨e)
percer, forer, prospecter	bohren
le pipeline, l'oléoduc	die Pipeline (s) pron. angl.
le prix du pétrole	der Ölpreis (e)
la réserve de pétrole	die Ölreserve (n)
le producteur de pétrole	der Ölproduzent (en, en)
le magnat du pétrole	der Ölscheich (e)
l'exportateur de pétrole	der Ölexporteur (e)
l'OPEP (Organisation des pays exportateurs et producteurs de pétrole)	die OPEC (sg.)
le pays de l'OPEP	das OPEC-Land (¨er)
le pays producteur de pétrole	das Ölförderland (¨er)
la production de l'OPEP	die OPEC-Produktion (en)
la multinationale du pétrole	der Ölmulti (s)
le gaz	**das Gas (sg.)**
le gaz naturel	das Erdgas (sg.)
le gaz de ville	das Stadtgas (sg.)

le charbon	**die Kohle (n)**
la houille	die Steinkohle (sg.)
la lignite	die Braunkohle (sg.)
le courant électrique	**der Strom (sg.)**
l'énergie secondaire	die Sekundärenergie (sg.)
l'électricité	die Elektrizität (sg.)
le produit transformé	das Veredelungsprodukt (e)
produire de l'électricité	Strom erzeugen
stocker l'électricité	Strom speichern
stocker l'électricité de nuit	den Nachtstrom speichern
le secteur, le réseau	das Stromnetz (e)
la haute tension	die Hochspannung (sg.)
le réseau de haute tension	das Hochspannungsnetz (e)
le kilowatt	das Kilowatt (sg.)
l'énergie nucléaire	**die Kernenergie (sg.)**
la centrale nucléaire	das Atomkraftwerk (e), das Kernkraftwerk (e)
l'uranium	das Uran (sg.)
la fission nucléaire	die Kernspaltung (sg.), die Kernfusion (sg.)
le réacteur nucléaire	der Kernreaktor (en)
la réaction en chaîne	die Kettenreaktion (en)
la technique nucléaire	die Kernkrafttechnik (sg.)
le débat autour de l'énergie atomique	die Kernenergiedebatte (n)
l'utilisation pacifique	die friedliche Nutzung (sg.)
le développement de l'énergie nucléaire	der Ausbau der Kernkraft (sg.)
l'énergie nucléaire comme alternative	die Atomenergie als Alternative (sg.)
le remplacement des combustibles fossiles	die Ersetzung fossiler Brennstoffe
la production d'électricité par le nucléaire	die nukleare Stromerzeugung (sg.)
se fonder sur l'énergie nucléaire	sich auf die Kernenergie stützen
le pays pronucléaire	das kernkraftfreudige Land
la propreté	die Sauberkeit (sg.)
la sûreté, la fiabilité	die Zuverlässigkeit (sg.)
les conséquences sur l'environnement	die Umweltauswirkung (en)
la radioactivité	die Radioaktivität (sg.)
la technologie à risque	die Risikotechnologie (n)

le risque pour la sécurité	das Sicherheitsrisiko (-risiken)
la bombe à retardement	die Zeitbombe (n)
l'accident nucléaire de Tchernobyl	das Reaktorunglück in Tschernobyl (sg.)
renoncer à l'énergie atomique	auf Atomenergie verzichten
	♦ aus der Kernenergie aus/steigen (ie, ie, ist)
les énergies alternatives	**die alternativen Energien (pl.)**
	♦ die exotischen Energien (pl.)
	♦ die sanften Energien (pl.)
la source d'énergie renouvelable	der erneuerbare Energieträger
	♦ die regenerative Energie (sg.)
inépuisable	unerschöpflich
toujours disponible	immer verfügbar
le potentiel énorme	das gewaltige Potential (sg.)
non polluant	umweltverträglich
propre	sauber
sûr	sicher
inutilisé	ungenutzt
non rentable	unrentabel
cher	teuer
les coûts d'investissement lourds	die hohen Investitionskosten (pl.)
le carburant vert	**der Bio-Treibstoff (sg.)**
	♦ das Pflanzenöl (sg.)
le colza	der Raps (sg.)
le soleil	**die Sonne (sg.)**
l'énergie solaire	die Sonnenenergie (sg.)
la transformation de la lumière en courant	die Umwandlung von Sonnenlicht in Strom
photovoltaïque	photovoltaik
l'électricité produite par le soleil	der Solarstrom (sg.)
la chaleur solaire	die Solarwärme (sg.)
le toit solaire	das Solardach (¨er)
le capteur solaire	der Sonnenspeicher (-)
l'alimentation des montres	die Versorgung von Uhren
des calculatrices	Taschenrechnern
des petits appareils	Kleingeräten

le vent	**der Wind (e)**
l'énergie du vent	die Windenergie (sg.)
l'utilisation du vent	die Windnutzung (sg.)
le moulin à vent	die Windmühle (n)
la roue éolienne	das Windrad (¨er)
la centrale éolienne	das Windkraftwerk (e)
les problèmes écologiques	die ökologischen Probleme (pl.)
la résistance des écologistes	der Widerstand der Naturschützer
la protection des oiseaux	der Vogelschutz (sg.)
l'eau	**das Wasser (sg.)**
l'énergie hydraulique	die Wasserkraft (sg.)
la centrale hydro-électrique	die Wasserkraftanlage (n)
le lac de barrage	der Stausee (n)
la digue	der Deich (e), der Damm (¨e)
le réservoir	das Reservoir (e)
retenir	auf/stauen
l'énergie tirée de la mer	die Meeresenergie (sg.)
l'énergie tirée des vagues	die Wellenenergie (sg.)
la marée basse	die Ebbe (n)
la marée haute	die Flut (en)
le ressac	die Brandung (en)
les marées	die Gezeiten (pl.)
l'énergie marémotrice	die Gezeitenenergie (sg.)
la centrale marémotrice	das Gezeitenkraftwerk (e)
causer des dégâts	Schaden an/richten
le danger pour la faune et la flore	die Gefährdung von Tieren und Pflanzen
la modification du climat	die Veränderung des Klimas
le danger de séisme, la sismicité	die Erdbebengefahr (sg.)
la biomasse	**die Biomasse (sg.)**
l'énergie de la biomasse	die Energie der Biomasse (sg.)
la chaleur tellurique	**die Erdwärme (sg.)**
la géothermie	die Geothermie (sg.)
l'énergie géothermique	die geothermische Energie (sg.)
l'hydrogène	**der Wasserstoff (sg.)**
la source d'énergie de l'avenir	der Energieträger der Zukunft

transportable	transportabel
qui peut être stocké	speicherfähig
écologique, non polluant	umweltfreundlich

la modification du comportement / die Veränderung des Verhaltens

des prix de l'énergie élevés	hohe Energiepreise (pl.)
économiser l'énergie	die Energie sparen
les mesures d'économie d'énergie	die Energiesparmaßnahme (n)
le programme de restriction	das Sparprogramm (e)
l'isolation des bâtiments	die Isolation der Gebäude
l'utilisation rationnelle de l'énergie	die rationelle Energieanwendung
développer de nouvelles sources d'énergie	neue Energiequellen erschließen (o, o, hat)
les programmes de recherche et de développement	die Forschungs- und Entwicklungsprogramme (pl.)
les mesures de soutien de l'Etat	die staatlichen Fördermaßnahmen (pl.)
rendre lucratif	lukrativ machen
rendre compétitif	konkurrenzfähig machen

6. Die Industriestaaten

In den entwickelten Ländern sorgt die Demokratie dafür, daß die Menschenrechte garantiert werden, daß jeder das Recht auf Leben und Freiheit hat und sein eigenes Glück verfolgen kann. In diesen kleinen Wohlstandssphären spielen die Massenmedien, Spiegelbild der öffentlichen Meinung, eine wesentliche Rolle. Die Kommunikationsmittel haben das Leben, die Arbeit und die Mentalitäten total verändert. Es gibt neue Wertvorstellungen. Arbeit ist nicht mehr das wichtigste. Man strebt zuerst nach der Entfaltung seiner Persönlichkeit durch Bildung und intelligente Freizeitgestaltung. Die Lebensformen individualisieren sich, man lebt schneller, ißt anders, kümmert sich mehr um sein Aussehen. Die Familie hat sich verändert, prinzipiell durch die Emanzipation der Frauen. Die Senioren sind zahlreicher und vitaler als früher.

Diese Welt hat aber auch Schattenseiten. Die Gesellschaft wird immer älter. Die neuen Werte bedeuten oft Uniformisierung des Lebensstils und der Denkweise. Der Werteverlust führt zu Orientierungsschwierigkeiten, insbesondere bei den Jugendlichen. Die Leute, die den gesellschaftlichen Normen nicht entsprechen, bleiben manchmal auf der Strecke und bilden die Vierte Welt, die immer mehr verarmt. Man weist häufig auf die Gefahr einer Zweidrittel-Gesellschaft hin. Der Individualismus kann auch Einsamkeit mit sich bringen, insbesondere in den großen Städten. Der Egoismus, sei es in der Familie, in der Arbeitsgruppe oder der Dritten Welt gegenüber könnte das Ende dieser Staaten bedeuten.

6. Les Etats industrialisés

Dans les pays industrialisés, la démocratie veille à ce que les Droits de l'Homme soient garantis, à ce que chacun ait le droit à la vie et à la liberté et puisse poursuivre la recherche de son bonheur personnel. Dans ces petites sphères de prospérité, les médias, reflet de l'opinion publique, jouent un rôle essentiel. Les moyens de communication ont complètement modifié la vie, le travail et les mentalités. Des valeurs nouvelles sont apparues. Le travail n'est plus l'essentiel. On cherche d'abord son épanouissement personnel par la culture et une organisation constructive des loisirs. Les modes de vie s'individualisent. On vit plus vite, on se nourrit différemment, on se préoccupe davantage de son apparence. La cellule familiale s'est transformée, principalement à la suite de l'émancipation des femmes. Les personnes âgées sont plus nombreuses et en meilleure condition qu'autrefois.

Ce monde a néanmoins des zones d'ombre. La société vieillit de plus en plus. Les nouvelles valeurs signifient souvent l'uniformisation du style de vie et de la façon de penser. La perte des valeurs entraîne des difficultés à orienter sa vie, principalement chez les jeunes. Les personnes qui ne correspondent pas aux normes sociales demeurent parfois en reste et constituent le Quart Monde qui s'appauvrit de plus en plus. On évoque fréquemment le danger d'une société à deux vitesses. L'individualisme peut aussi devenir facteur de solitude, surtout dans les grandes villes. L'égoïsme, que ce soit au sein de la famille, dans le groupe de travail ou face au Tiers Monde, pourrait sonner le glas de ces Etats.

le pays développé	das entwickelte Land
le pays industrialisé	das Industrieland (¨er)
la nation industrialisée	die Industrienation (en)
les USA	die USA (pl.)
le Canada	Kanada
l'Australie	Australien
l'Europe	Europa
le Japon	Japan
la cinquième et la plus riche partie de la population mondiale	das reichste Fünftel der Weltbevölkerung (sg.)

la prospérité	**der Wohlstand (sg.)**
l'économie de marché	die Marktwirtschaft (sg.)
le libéralisme	der Liberalismus (sg.)
le principe de la concurrence	das Wettbewerbsprinzip (ien)
le profit, le gain	der Profit (e)
réaliser un profit	einen Profit erzielen
l'offre	das Angebot (e)
l'abondance des offres	die Fülle der Angebote
la demande	die Nachfrage (n)
la loi de l'offre et de la demande	das Gesetz des Angebot(e)s und der Nachfrage (sg.)
l'économie sociale de marché	die soziale Marktwirtschaft (sg.)
intervenir dans	ein/greifen (i, i, hat) in + A.
ne pas paralyser le principe de la concurrence	das Wettbewerbsprinzip nicht außer Kraft setzen
la société d'abondance	die Wohlstandsgesellschaft (en)
le citoyen aisé, le nanti	der Wohlstandsbürger (-)
la personne aisée, nantie	der Wohlhabende (n) adj. subst.
être aisé	wohlhabend sein
la sphère de prospérité	die Wohlstandssphäre (n)
le niveau de vie	der Lebensstandard (s)
le niveau de vie élevé	der hohe Lebensstandard
maintenir le niveau de vie	den Lebensstandard erhalten (ie, a, hat)
améliorer le niveau de vie	den Lebensstandard verbessern
la vie agréable, facile	das bequeme Leben (sg.)
la facilité	die Bequemlichkeit (sg.)
la consommation	der Konsum (sg.), der Verbrauch (sg.)

la société de consommation	die Konsumgesellschaft (en)
le consommateur	der Verbraucher (-) ♦ der Konsument (en, en)
consommer	verbrauchen
la richesse	der Reichtum (¨er)
le luxe	der Luxus (sg.)
l'excédent, la surabondance	der Überfluß (sg.)
la société de surabondance	die Überflußgesellschaft (en)
le gaspillage	die Verschwendung (sg.)
gaspiller	verschwenden
la société de gaspillage	die Wegwerfgesellschaft (en)
la consommation élevée d'énergie	der hohe Energieverbrauch (sg.)
vivre au-dessus de ses moyens	über seine Verhältnisse leben
le besoin	das Bedürfnis (-se)
satisfaire les besoins	die Bedürfnisse befriedigen
susciter des besoins	Bedürfnisse wecken
le monde matérialiste	die materialistische Welt

la communication — die Kommunikation (en)

communiquer	kommunizieren
la société de communication	die Kommunikationsgesellschaft (en)

maîtriser l'espace — den Raum beherrschen

réduire les distances	die Distanzen vermindern
la vitesse	die Geschwindigkeit (en)
la grande vitesse	die hohe Geschwindigkeit
le gain de temps	der Zeitgewinn (sg.)
augmenter la performance	die Leistungsfähigkeit erhöhen
développer de nouvelles techniques de transport	neue Verkehrstechniken entwickeln
le ministère des transports	das Verkehrsministerium (-rien)
une nouvelle politique des transports	eine neue Verkehrspolitik (sg.)
fixer de nouvelles priorités	neue Prioritäten setzen
désengorger l'espace aérien et les routes	den Luft- und Straßenraum entlasten
améliorer la compétitivité ferroviaire	die Wettbewerbsfähigkeit der Bahn verbessern
le chemin de fer	die Bahn (sg.)
le train	der Zug (¨e)
le train à grande vitesse	der Hochgeschwindigkeitszug (¨e)

le train rapide interurbain	der ICE (Inter-City- Express) (sg.)
le train magnétique à grande vitesse	die Magnetschnellbahn (en) ♦ die Magnetschwebebahn (en)
le "transrapide"	der Transrapid (sg.)
le TGV français	der französische TGV (sg.)
la ligne à grande vitesse ICE / TGV	die Hochgeschwindigkeitsstrecke ICE / TGV (sg.)
le tracé	die Trasse (n)
le réseau	das Netz (e)
le réseau européen des trains à grande vitesse	das europäische Schnellbahnnetz (sg.)
le train de marchandises à grande vitesse	der Hochgeschwindigkeitsgüterzug (¨e)
le trafic aérien	der Luftverkehr (sg.)
développer et démocratiser le trafic aérien	den Luftverkehr entwickeln und demokratisieren
l'avion	das Flugzeug (e)
la vitesse du son	die Schallgeschwindigkeit (sg.)
franchir le mur du son	die Schallmauer durchbrechen (a, o, hat)
l'avion transsonique	das Überschallflugzeug (e)
l'avion hypersonique	das Hyperschallflugzeug (e)
le bateau	das Schiff (e)
la navigation	die Schiffahrt (sg.)
le tunnel sous la Manche	der Tunnel unter dem Ärmelkanal (sg.) ♦ der Eurotunnel (sg.) ♦ der Kanaltunnel (sg.)
maîtriser le temps	**die Zeit beherrschen**
les nouvelles techniques de communication	die neuen Kommunikationstechniken (pl.)
la haute technologie	die High-Tech (sg.) pron. angl.
la micro-électronique	die Mikroelektronik (sg.)
l'informatique	die Informatik (sg.)
le traitement des données	die Datenverarbeitung (en)
l'ordinateur	der Computer (-)
la calculatrice	der Rechner (-)
l'ordinateur personnel, le PC	der Personalcomputer (-) / der PC
l'ordinateur portable	der tragbare PC
le hardware, le matériel	die Hardware (s) pron. angl.
l'écran	der Bildschirm (e)
le clavier	die Tastatur (en)
le software, le logiciel	die Software (s) pron. angl.
le microprocesseur	der Mikroprozessor (en)

la puce, le microprocesseur	der Chip (s)
la carte à mémoire	die Chip-Karte (n)
les données, les informations	die Daten (pl.)
la banque de données	die Datenbank (en)
stocker des informations	Daten speichern
le stockage, la mémorisation	die Speicherung (en)
la mémorisation durable et illimitée des données	die langfristige und unbegrenzte Speicherung von Daten
générer des informations	Informationen erzeugen
transmettre des informations	Informationen übertragen (u, a, hat)
traiter des informations	Informationen verarbeiten
commandé par ordinateur, informatisé	computergesteuert
traitable par ordinateur	computergerecht
assisté par ordinateur	computergestützt
la révolution informatique	die Computerrevolution (en)
la superpuce	der Superchip (s)
la capacité croissante	die wachsende Kapazität
le passionné de l'ordinateur	der Computerfreak (s) pron. angl.
les virus informatiques	die Computerviren (pl.)
la fraude informatique	die Computerkriminalität (sg.)
la protection de la vie privée contre les abus de l'informatique	der Datenschutz (sg.)
la législation contre les abus de l'informatique	das Datenschutzgesetz (e)
les télécommunications	die Telekommunikation (sg.)
la modernisation du réseau des télécommunications	die Modernisierung des Fernmeldenetzes (sg.)
la fibre de verre	die Glasfaser (sg.)
la technique des fibres de verre	die Glasfasertechnik (en)
la vitesse de la lumière	die Lichtgeschwindigkeit (sg.)
transmettre à la vitesse de la lumière	mit der Lichtgeschwindigkeit übertragen (u, a, hat)
le téléphone	das Telefon (e)
la liaison téléphonique	die Telefonverbindung (en)
le téléphone sans fil	das drahtlose Telefon ♦ das schnurlose Telefon
le téléphone portable	der Mobilfunk (sg.)
le télécopieur, l'appareil téléfax	das Telefax-Gerät (e)
le télétel, le minitel	Btx (der Bildschirmtext) (sg.)

par minitel, par voie télématique	über Btx
le télex, le téléscripteur	der Fernschreiber (-)
le satellite	der Satellit (en)
la télévision par satellite	das Satellitenfernsehen (-)
transmettre par satellite	über Satellit senden
le câble	das Kabel (-)
la télévision par câble	das Kabelfernsehen (sg.)
la télévision	das Fernsehen (-)
le téléviseur	der Fernsehapparat (e)
regarder la télévision	fern/sehen (a, e, hat)
la télédiffusion	die Fernsehübertragung (en)
la télécommande	die Fernbedienung (en)
le zapping	das Zapping (sg.)
zapper	zappen
la télévision haute définition	das High Definition TV (HDTV) pron. angl.
le magnétoscope	der Videorecorder (-)
le disque compact	die CD, die Compact Disc, die CD-Platte (n)
le lecteur compact	der CD-Player (-)
la miniaturisation	die Miniaturisierung (en)
la société informatique	die Informationsgesellschaft (en)
la société de services	die Dienstleistungsgesellschaft (en)
le tertiaire, les prestations de services	die Dienstleistungen (pl.)
nécessiter de nouveaux produits	neue Produkte benötigen
créer de nouveaux secteurs industriels	neue Industriezweige schaffen (u, a hat)
ouvrir de nouveaux marchés	neue Märkte eröffnen
le changement profond dans la vie économique et sociale	die tiefgreifende Veränderung des wirtschaftlichen und sozialen Lebens
une meilleure collaboration	eine bessere Zusammenarbeit (sg.)
une structure de travail différente	eine andere Arbeitsstruktur
le contrôle automatisé croissant	die zunehmende automatisierte Überwachung
la mutation des modes de pensée et des comportements	der Wandel im Denken und Wirken (sg.)
l'échange rapide d'informations	der schnelle Informationsaustausch (sg.)
les mass media, les médias	die Massenmedien (pl.), die Medien (pl.)
le quatrième pouvoir	die Vierte Gewalt (sg.)
la "médiacratie"	die "Mediakratie" (sg.)
le pouvoir des journalistes	die Macht der Journalisten

le pouvoir de la rue	die Macht der Straße (sg.)
l'opinion publique	die öffentliche Meinung (sg.)
le peuple souverain	das souveräne Volk (sg.)
le rapprochement des peuples	die Annäherung der Völker
les profils requis changent	die Anforderungsprofile wechseln
de nouvelles qualifications sont requises	neue Qualifikationen werden erfordert
un niveau plus élevé est nécessaire	ein höheres Niveau ist nötig
développer la capacité d'adaptation	die Anpassungsfähigkeit entwickeln
favoriser la culture générale	die Allgemeinbildung fördern
approfondir les connaissances techniques	das Fachwissen vertiefen
la formation professionnelle	die berufliche Ausbildung
la bipartition de la société	die Zweiteilung der Gesellschaft (sg.)
peu d'initiés	wenig Wissende (pl.)
beaucoup d'ignorants	viele Unwissende (pl.)
le système éducatif doit réagir à cela	das Bildungssystem muß darauf reagieren
la réforme éducative	die Bildungsreform (en)
la complexité accrue des sociétés	die höhere Komplexität der Gesellschaften
la société est plus vulnérable	die Gesellschaft ist verwundbarer
l'interdépendance	die Interdependenz (en)
l'interdépendance des individus et des nations est renforcée	die Abhängigkeit zwischen den Individuen und den Staaten wird verstärkt
la fin de l'Etat Nation	das Ende des Nationalstaates

la structure de la société — die Gesellschaftsstruktur (en)

la modification de la pyramide des âges	**die Verschiebung der Alterspyramide (sg.)**
les nations riches à démographie déclinante	die schrumpfenden reichen Nationen (pl.)
la faible croissance démographique	der geringe Bevölkerungszuwachs (sg.)
le faible taux des naissances	die niedrige Geburtenrate
la dénatalité	der Geburtenrückgang (sg.)
le taux de mortalité en régression	die rückläufige Sterberate (sg.)
le vieillissement de la population	die Alterung der Bevölkerung (sg.) ♦ die Vergreisung der Bevölkerung (sg.)
vieillir de plus en plus	immer älter werden
le vieillard	der Greis (e)
les personnes âgées	die Senioren (pl.)
le retraité	der Rentner (-)

la pension, la retraite	die Rente (n)
la caisse de vieillesse	die Alterskasse (n)
la mesure de prévoyance pour la vieillesse	die Altersvorsorge (sg.)
l'assurance-retraite	die Rentenversicherung (en)
le problème du financement	das Finanzierungsproblem (e)
le déficit de la caisse de retraite	das Defizit der Alterskasse
le cotisant	der Beitragszahler (-)
de moins en moins de cotisants	immer weniger Beitragszahler (pl.)
la pénurie de main-d'oeuvre	die Arbeitskräfteknappheit (sg.)
le mi-temps pour personnes âgées	die Altersteilzeit (sg.)
la maison de retraite	das Altenheim (e), das Altersheim (e)
nécessiter des soins	pflegebedürftig sein
être grabataire	bettlägerig sein
être handicapé	behindert sein
être tributaire d'une aide étrangère	auf fremde Hilfe angewiesen sein
le besoin en structures et en personnel sanitaires	der Bedarf an Pflegeeinrichtungen und Pflegepersonal
le traitement à domicile	die ambulante Behandlung (sg.)
les soins hospitaliers	die stationäre Betreuung (sg.)
les soins à domicile	die häusliche Pflege (sg.)
l'intensification de la recherche en gériatrie	die Intensivierung der Altersforschung (sg.)
les "nouveaux vieux"	**die "neuen Alten" (pl.)**
la retraite plus longue	der längere Ruhestand (sg.)
la préretraite	der Vorruhestand (sg.)
partir en préretraite	in den Vorruhestand treten (a, e, ist)
partir en retraite	in den Ruhestand treten (a, e, ist)
prendre sa retraite	sich pensionieren lassen (ie, a, hat)
avoir un pouvoir d'achat intéressant	eine interessante Kaufkraft haben (sg.)
la cible de la politique et de la publicité	die Zielgruppe von Politik und Werbung
s'adonner à ses hobbies	seinen Hobbys nach/gehen (i, a, ist)
être en meilleure santé	gesünder sein
plus aisé	wohlhabender
plus exigeant	anspruchsvoller
plus indépendant	unabhängiger, selbständiger
l'espérance de vie plus élevée	die längere Lebenserwartung (sg.) ♦ die höhere Lebensdauer (sg.)
être jeune plus longtemps	länger jung sein

la nouvelle famille	die neue Familie
l'éclatement de la cellule familiale	das Ende der intakten Familie
la vie commune	das Zusammenleben (sg.)
le couple	das Ehepaar (e)
la nouvelle union	die neue Ehe
le concubinage	die wilde Ehe
le niveau de vie fondé sur deux revenus	der Lebensstandard mit zwei Einkommen
le partage des travaux ménagers	die partnerschaftliche Arbeitsteilung (sg.)
le père au foyer	der Hausmann (¨er)
le nouveau père	der neue Vater
l'émancipation de la femme	die Emanzipation der Frau
l'égalité des sexes	die Gleichberechtigung (sg.)
la libération de la morale sexuelle	die Liberalisierung der Sexualmoral (sg.)
l'autonomie de l'homme d'aujourd'hui	die Autonomie des modernen Menschen (sg.)
le succès professionnel	der Berufserfolg (e)
la carrière	die Karriere (n)
la femme carriériste	die Karrierefrau (en)
l'ambition	der Ehrgeiz (sg.)
être ambitieux	ehrgeizig sein
l'égoïsme	der Egoismus (sg.)
la séparation	die Trennung (en)
le divorce	die Scheidung (en)
être divorcé	geschieden sein
le droit de visite	das Umgangsrecht (sg.)
le droit de garde	das Sorgerecht (sg.)
le parent isolé, la famille monoparentale	der Alleinerziehende (n) adj. subst.
celui qui vit seul	der Alleinlebende (n) adj. subst. ♦ der Single (s)
le ménage à une personne	der Einpersonenhaushalt (e)

le nouveau mode de vie — die neue Lebensweise

les nouvelles habitudes alimentaires	die neuen Eßgewohnheiten (pl.)
avoir une alimentation équilibrée	wohlgenährt sein
la diététique	die Diätetik (sg.)
faire rapidement la cuisine	schnell kochen
manger rapidement	schnell essen
le fastfood, la restauration rapide	das Fastfood (sg.)

le repas rapide	der Schnellimbiß (sg.)
la nourriture surgelée	die Tiefkühlkost (sg.)
le plat préparé	das Fertiggericht (e)
le four à micro-ondes	der Mikrowellenherd (e) ♦ der Mikrowellenofen (¨)
être suralimenté	überernährt sein
mal se nourrir	sich falsch ernähren
la malnutrition	die Falschernährung (sg.)
les calories	die Kalorien (pl.)
l'hydrate de carbone	das Kohlehydrat (e)
trop de glucides	zu viele Kohlehydrate (pl.)
trop de sucres	zuviel Zucker (sg.)
trop de graisses, de lipides	zuviel Fett (sg.)
la surcharge pondérale	das Übergewicht (sg.)
la dégénérescence des forces	der Zerfall der Kräfte
s'amollir, s'affaiblir, devenir douillet	verweichlichen
la paresse	die Faulheit (sg.)
la paresse, l'indolence	die Trägheit (sg.)
les maladies de société	**die Zivilisationskrankheit (en)**
la maladie moderne	die moderne Krankheit
la carie	die Karies (sg.)
avoir des caries	Karies haben
le stress	der Streß (sg.)
le trouble du sommeil, l'insomnie	die Schlafstörung (en)
les troubles circulatoires	die Kreislaufstörungen (pl.)
les troubles cardio-vasculaires	die Herz-und Kreislaufstörungen (pl.)
l'infarctus	der Herzinfarkt (e)
le cancer	der Krebs (sg.)
la névrose	die Neurose (n)
l'apparence extérieure	**das Aussehen (sg.)**
accorder une grande importance à l'apparence extérieure	großen Wert auf das Aussehen legen
le culte du corps	der Körperkult (sg.)
suivre une mode	einer Mode folgen
être en forme	fit sein
la forme physique	die Fitneß (sg.)
le centre de mise en forme	das Fitneß-Center (-)

le bodybuilding	das Bodybuilding (sg.)
être mince, svelte	schlank sein
la cure d'amaigrissement	die Schlankheitskur (en)
être bronzé	braungebrannt sein
les nouvelles valeurs	**die neuen Werte (pl.)**
le changement des valeurs	der Wertewandel (sg.)
la nouvelle tendance	der neue Trend
la nouvelle conception de la vie	die neue Sinnorientierung
la nouvelle façon de construire sa vie	die neue Lebensgestaltung
le triomphe de l'individualisme	der Triumph des Individualismus (sg.)
partir en quête de son propre bonheur	das eigene Glück verfolgen
l'épanouissement personnel	die Entfaltung der Persönlichkeit (sg.)
la quête d'une satisfaction personnelle	die Suche nach subjektiver Befriedigung
l'individualisation des modes de vie	die Individualisierung der Lebensformen
la liberté de pensée et d'action	die Freiheit des Denkens und des Handelns (sg.)
le pluralisme des valeurs	der Pluralismus der Werte
la démocratie	die Demokratie (n)
l'Etat de Droit	der Rechtsstaat (en)
les Droits de l'Homme	die Menschenrechte (pl.)
garantir les Droits de l'Homme	die Menschenrechte garantieren (pl.)
le droit à la vie, à la liberté et au bonheur	das Recht auf Leben, Freiheit und Glück (sg.)
le droit à l'instruction et à la formation	das Recht auf Bildung und Ausbildung (sg.)
l'égalité des chances	die Chancengleichheit (sg.)
avoir accès à la culture	Zugang zur Bildung haben
le temps libre, le temps des loisirs	**die Freizeit (sg.)**
l'activité-loisir	die Freizeitbeschäftigung (en)
l'organisation des loisirs	die Freizeitgestaltung (en)
l'industrie des loisirs	die Freizeitindustrie (n)
le hobby	das Hobby (s)
l'oisiveté	der Müßiggang (sg.)
la société des loisirs	die Freizeitgesellschaft (en)
le loisir actif	die Freizeitarbeit (sg.)
la société du loisir actif	die Freizeit-Arbeitsgesellschaft (en)
continuer à se former, à se cultiver	sich weiter/bilden, sich fort/bilden
la société en quête de sensations fortes	die "Erlebnisgesellschaft" (sg.)
la chasse aux événements	die Jagd nach Erlebnissen

l'uniformisation	**die Uniformisierung (sg.)**
correspondre à l'attente de la société	den Erwartungen der Gesellschaft entsprechen (a, o, hat)
l'adaptation	die Anpassung (sg.)
s'adapter	sich an/passen + D.
être sans imagination	phantasielos sein
l'appauvrissement de la culture	die Verarmung der Kultur
la fin du pluralisme linguistique	das Ende der Sprachenvielfalt (sg.)
la fin d'une éthique du travail	das Ende der Arbeitsmoral (sg.)
la fin d'une intégrité morale	das Ende einer moralischen Integrität (sg.)
l'industrie de la culture	die Kulturindustrie (sg.)
la culture de masse	die Massenkultur (sg.)
la culture populaire	die Populärkultur (sg.)
le style de vie internationalisé	der internationale Lebensstil (sg.)
le mode d'existence uniforme	die einheitliche Lebensform (sg.)
uniforme	gleichförmig
monotone	eintönig
le vide	das Vakuum (sg.)
le vide religieux, éthique, spirituel	die religiöse, ethische, geistige Leere (sg.)
le matérialisme à l'état brut	der krasse Materialismus (sg.)
l'implosion de l'idéologie socialiste	die Implosion der sozialistischen Ideologie (sg.)
la fin du rêve américain	das Ende des amerikanischen Traums (sg.)
l'éveil du nationalisme	das Aufleben des Nationalismus
le succès des partis extrémistes	der Erfolg der extremen Parteien
la radicalisation politique	die politische Radikalisierung (sg.)
la radicalisation religieuse	die religiöse Radikalisierung (sg.)
l'intégriste	der Fundamentalist (en, en)
l'intégrisme	der Fundamentalismus (sg.)

le Quart Monde	**die Vierte Welt**
la pauvreté au coeur de l'abondance	die Armut im Wohlstand (sg.)
la pauvreté relative	die relative Armut (sg.)
ne pas atteindre le niveau vie moyen	den durchschnittlichen Lebensstandard nicht erreichen
vivre à la limite du seuil de pauvreté	an der Armutsschwelle leben

vivre sous le seuil de pauvreté	unter der Armutsgrenze leben
	♦ unter dem Existenzminimum leben
ne pas avoir accès à la société de consommation	keinen Zugang zur Konsumgesellschaft haben
être en reste	auf der Strecke bleiben (ie, ie, ist)
les moyens d'existence	der Lebensunterhalt (sg.)
l'inégale répartition de la richesse	die ungleiche Wohlstandsverteilung (sg.)
le travailleur au petit revenu	der Schwachverdienende (n) adj. subst.
	♦ der Wenigverdienende (n) adj. subst.
le laissé-pour-compte	der Zukurzgekommene (n) adj. subst.
la famille à faible revenu	die einkommensschwache Familie
les services de l'aide sociale	das Sozialamt (¨er)
l'aide sociale	die Sozialhilfe (n)
l'aide, la subvention	die Unterstützung (en)
l'allocation chômage	das Arbeitslosengeld (sg.)
l'assistance-chômage	die Arbeitslosenhilfe (sg.)
demander une aide de l'Etat	eine staatliche Unterstützung beanspruchen
le SMIC	der gesetzliche Minimallohn (sg.)
	♦ der garantierte Mindestlohn (sg.)
le RMI	das Mindesteinkommen für die Wiedereingliederung (sg.)
l'Etat-providence	der Wohlfahrtsstaat (en)
la demande d'aide sociale	der Antrag auf Sozialhilfe (sg.)
la personne qui cherche de l'aide	der Hilfesuchende (n) adj. subst.
nécessiter de l'aide	auf Hilfe angewiesen sein
le bénéficiaire de l'aide sociale	der Sozialhilfeempfänger (-)
	♦ der Fürsorgeempfänger (-)
la société à deux vitesses	die Zweidrittel-Gesellschaft (sg.)
la détresse sociale	die soziale Not (sg.)
la famille nombreuse	die kinderreiche Familie
l'handicapé	der Behinderte (n) adj. subst.
la personne âgée	der Alte (n) adj. subst.
le chômeur	der Arbeitslose (n) adj. subst.
le demandeur d'asile	der Asylbewerber (-)
les nouveaux pauvres	die neuen Armen (pl.)
la récession	die Rezession (en)
la misère croissante	das wachsende Elend (sg.)
le coût élevé du logement	die hohen Wohnungskosten (pl.)
le loyer	die Miete (n)

les loyers en forte hausse	die stark gestiegenen Mieten (pl.)
le manque de logements	der Wohnungsmangel (sg.)
le phénomène marginal	das Randphänomen (e)
ne plus être un phénomène marginal	kein Randphänomen mehr sein
le quotidien pour beaucoup d'actifs	der Alltag für viele Erwerbstätige
ne pas pouvoir résister à la tentation	der Versuchung nicht widerstehen können
ne pas savoir gérer son argent	sein Geld nicht verwalten können
avoir des difficultés de paiement	Zahlungsschwierigkeiten haben
le crédit à la consommation	der Verbraucherkredit (e)
acheter à crédit	auf Kredit kaufen
payer à tempérament	auf Raten zahlen
ne pas pouvoir rembourser des crédits	Kredite nicht zurückzahlen können
les intérêts élevés	die hohen Zinsen (pl.)
faire des dettes	Schulden machen
l'endettement des ménages	die Verschuldung der Haushalte
être très endetté	hochverschuldet sein
le surendettement des familles	die Überschuldung der Familien
l'échec	die Niederlage (n)
l'humiliation	die Demütigung (sg.)
la honte	die Scham (sg.)
avoir honte	sich schämen
perdre le sentiment de sa propre valeur	das Selbstbewußtsein verlieren (o, o, hat)
être exclu	ausgeschlossen sein
être rejeté	abgeschoben werden
être sans abri, sans logis	die Obdachlosigkeit (sg.)
le sans-abri, le sans-logis	der Obdachlose (n) adj. subst.
le sans domicile fixe	der Nichtseßhafte (n) adj. subst.
le clochard	der Stadtstreicher (-), der "Clochard"(s)
le local de fortune pour la nuit	die Notschlafstelle (n)
le logement d'urgence	die Notunterkunft (¨e)
le quartier miséreux	das Elendsviertel (-)
le bidonville	die Slums (pl.) pron.angl.
l'insécurité	die Unsicherheit (sg.)
la violence	die Gewalt (sg.)
la frustration	der Frust (sg.)
l'ennui	die Langeweile (sg.)

la contestation des jeunes	**der Jugendprotest (sg.)**
l'objecteur de conscience	der Kriegsdienstverweigerer (-) ♦ der Wehrdienstverweigerer (-)
le service civil	der Zivildienst (sg.)
la bande de jeunes	die Jugendbande (n)
la violence croissante des jeunes	die wachsende Jugendbrutalität (sg.)
la révolte	die Revolte (n)
la révolte, le soulèvement	die Auflehnung (en)
l'effritement de l'autorité	der Zerfall der Autorität (sg.)
le refus des nouvelles valeurs	die Ablehnung der neuen Werte
le manque de perspectives d'avenir	die Perspektivarmut (sg.)
la difficulté à orienter sa vie	die Orientierungsschwierigkeit (en)
le manque d'assurance	die Unsicherheit (sg.)
être psychologiquement instable	psychisch unbefestigt sein
la déception	die Enttäuschung (en)
l'insuffisance de formation chez les jeunes	die Bildungslücke (n)
le chômage des jeunes	die Jugendarbeitslosigkeit (sg.)
l'oisiveté	der Müßiggang (sg.)
la criminalité	die Kriminalität (sg.)
recourir à la drogue	zur Droge greifen (i, i, hat)
la proie facile pour les extrémistes	das leichte Opfer für die Extremisten
le suicide	der Selbstmord (sg.)
le taux élevé de suicides	die hohe Selbstmordrate
le mouvement religieux	die religiöse Bewegung
la secte	die Sekte (n)
le mouvement new-age	die New-Age-Bewegung (sg.)
l'adepte	der Anhänger (-)

7. Die Arbeitswelt

Arbeit nimmt einen wichtigen Platz im Leben des Menschen ein. Sie erlaubt ihm, sich zu ernähren, seinen Lebensunterhalt zu verdienen, aber auch mit seinen Mitmenschen zu kommunizieren, eine Rolle in der Gesellschaft zu spielen. In dem industriellen Zeitalter galt es Quantität zu produzieren, damit die Preise sanken und jeder Zugang zu den Waren haben konnte. Die Arbeitsbedingungen waren deswegen oft schlecht. Massenproduktion bedeutete Fließbandarbeit oder sogar Akkordarbeit. Die Gewerkschaften versuchten seit jeher die Arbeiter vor Gesundheitsschäden zu bewahren oder vor Entlassung zu schützen. Die sozialen Errungenschaften waren bemerkenswert.

Die Arbeit bekommt jedoch heute, da wir in das postindustrielle Zeitalter eintreten, einen anderen Sinn. Für den modernen Menschen ist Lebensqualität, die Entfaltung der Persönlichkeit wichtiger. Die Arbeit, der oft weniger Beutung beigemessen wird, muß also Spaß machen. Dieser Wandel wird durch die High-Tech ermöglicht. Die Maschinen und insbesondere die Mikroprozessoren entlasten den Menschen, nehmen ihm die schwerste, langweiligste Arbeit ab, geben ihm ein Stück Freiheit zurück. Das hat jedoch eine Schattenseite : die steigende Arbeitslosigkeit. Insbesondere die wenig qualifizierte Arbeitskraft bleibt auf der Strecke. Diese Plage wird sich aber wahrscheinlich noch mehr verbreiten. In den nächsten Jahren wird man den Begriff Arbeit überdenken und eine neue Arbeitsmarktpolitik führen müssen. Dies würde unsere Gesellschaft völlig verändern.

7. Le monde du travail

Le travail occupe une place importante dans la vie de l'homme. Il lui permet de se nourrir, de gagner sa vie, mais également de rester en contact avec ses semblables, de jouer un rôle social. A l'ère industrielle, il s'agissait de produire en quantité afin que les prix baissent et que chacun puisse consommer. Les conditions de travail étaient de ce fait souvent difficiles : production de masse signifiait travail à la chaîne, voire travail aux pièces. Les syndicats ont tenté depuis toujours de protéger les travailleurs contre les atteintes à la santé ou les licenciements. Les acquis sociaux ont été remarquables.

Actuellement, alors que nous entrons dans l'ère postindustrielle, le travail prend un autre sens. Pour l'homme moderne, la qualité de la vie, l'épanouissement de la personnalité deviennent plus importants. Le travail, devenu plus accessoire, doit, de ce fait, faire plaisir. Cette conception nouvelle est rendue possible par la haute technologie. Les machines, et surtout les microprocesseurs, déchargent l'homme, le débarrassent des travaux les plus durs, les plus ennuyeux, lui rendent un peu de sa liberté. Il y a pourtant une zone d'ombre à cela, à savoir l'augmentation du chômage – lequel touche surtout la main-d'oeuvre la moins qualifiée. Ce fléau va probablement s'étendre plus encore. Dans les prochaines années, il faudra repenser la notion de travail, mener une nouvelle politique de l'emploi. Ceci transformerait radicalement notre société.

le travail	die Arbeit (en)
le paysage de l'emploi	die Arbeitslandschaft (sg.)
le marché de l'emploi	der Arbeitsmarkt (¨e)
l'Agence pour l'Emploi	das Arbeitsamt (¨er)
l'employeur	der Arbeitgeber (-)
le chef d'entreprise	der Unternehmer (-), der Betriebsleiter (-)
le chef	der Chef (s), der Boß (-sse/ fam.)
la firme, la maison	die Firma (die Firmen)
l'entreprise	das Unternehmen (-), der Betrieb (e)
l'usine	die Fabrik (en)
le bureau	das Büro (s)
la gestion de l'entreprise	die Betriebswirtschaft (sg.)
l'économie nationale	die Volkswirtschaft (en)
le personnel	die Belegschaft (en), das Personal (sg.)
le salarié	der Arbeitnehmer (-) ♦ der Beschäftigte (n) adj. subst.
la personne active, l'actif	der Erwerbstätige (n) adj. subst. ♦ der Berufstätige (n) adj. subst.
la main-d'oeuvre	die Arbeitskraft (¨e)
le métier manuel	das Handwerk (e)
l'artisan, l'homme du métier	der Handwerker (-)
l'ouvrier, le travailleur	der Arbeiter (-)
l'ouvrier qualifié	der Facharbeiter (-)
l'ouvrier spécialisé, l'OS	der Angelernte (n) adj. subst.
l'ouvrier non qualifié, le manoeuvre	der Ungelernte (n) adj. subst.
le manoeuvre	der Handlanger (-)
le personnel auxiliaire	die Hilfskraft (¨e)
l'apprenti	der Lehrling (e)
le travailleur au noir	der Schwarzarbeiter (-)
le travailleur immigré	der Gastarbeiter (-)
la main-d'oeuvre étrangère	die ausländische Arbeitskraft (sg.)
le métier	der Beruf (e)
l'emploi, le poste	der Arbeitsplatz (¨e)
la place, l'emploi	die Stelle (n)
solliciter un emploi	sich um eine Stelle bewerben (a, o, hat)
occuper un poste	eine Stelle bekleiden

l'époque industrielle	**das industrielle Zeitalter (sg.)**
la production	**die Produktion (en)**
produire des biens, des richesses	Güter produzieren
produire plus	mehr produzieren
la concurrence	der Wettbewerb (e), die Konkurrenz (en)
le principe de rentabilité	das Leistungsprinzip (ien)
la production en série	die Serienfertigung (en)
la grande série	die Großserie (n)
la fabrication en grande série	die Fertigung in Großserien
la quantité	die Quantität (en)
la quantité, le grand nombre	die Menge (n)
la production de masse	die Massenfertigung (en) ♦ die Massenproduktion (en)
la chaîne	das Fließband (¨er)
le travail à la chaîne	die Fließbandarbeit (en)
le travailleur à la chaîne	der Fließbandarbeiter (-)
le travail à la tâche, aux pièces	der Akkord (sg.), die Akkordarbeit (en)
le travailleur au rendement	der Akkordarbeiter (-)
l'équipe, la relève de huit heures	die Schicht (en)
le travail posté, par roulement	die Schichtarbeit (en)
celui qui fait les trois-huit	der Schichtarbeiter (-)
le travail du week-end	die Wochenendarbeit (en)
le travail de nuit	die Nachtarbeit (en)
l'heure supplémentaire	die Überstunde (n)
l'activité de routine	die Routinetätigkeit (en)
le travail monotone	die monotone Arbeit
la lutte sociale	**der Arbeitskampf (¨e)**
l'exploitation	die Ausbeutung (en)
exploiter	aus/beuten
l'aliénation	die Entäußerung (en)
aliéner	entäußern
défendre les intérêts des travailleurs	die Interessen der Arbeitnehmer vertreten (a, e, hat)
l'ouvrier syndiqué	der organisierte Arbeiter
le syndicaliste	der Gewerkschaft(l)er (-)
le syndicat	die Gewerkschaft (en)

la confédération des syndicats allemands	der DGB (sg.) / der Deutsche Gewerkschaftsbund (sg.)
l'union syndicale	die IG / die Industrie-Gewerkschaft (en)
l'union syndicale des métallurgistes	die IG-Metall (sg.)
le métallurgiste	der Metaller (-)
la tête de file	der Vorreiter (-)
la revendication	die Forderung (en)
le conflit social	der Arbeitskonflikt (e)
la grève	der Streik (s)
la menace de grève	die Streikdrohung (en)
appeler à la grève	zum Streik auf/rufen (ie, u, hat) ♦ den Streik aus/rufen (ie, u, hat)
se mettre en grève	in den Streik treten (a, e, hat)
faire la grève	streiken
débrayer	die Arbeit nieder/legen
la politique tarifaire	**die Tarifpolitik (sg.)**
le salaire	der Lohn (¨e)
l'augmentation salariale	die Lohnerhöhung (en)
le partenaire social	der Sozialpartner (-), der Tarifpartner (-)
la négociation tarifaire	das Tarifgespräch (e) ♦ die Tarifrunde (n) ♦ die Tarifverhandlung (en)
la négociation salariale	die Lohnverhandlung (en)
la convention collective	der Tarifvertrag (¨e)
la signature d'une convention collective	der Tarifabschluß (¨sse)
l'acquis, la conquête sociale	**die Errungenschaft (en)**
la paix sociale	der Arbeitsfrieden (sg.)
le consensus	der Konsens (e)
le consensus social	der soziale Konsens
la cogestion	die Mitbestimmung (en)
des structures salariales fixées par accord	festgelegte Lohnstrukturen (pl.)
la protection sociale	das soziale Netz (sg.)
la protection (sociale) du travail	der Arbeitsschutz (sg.)
la protection contre le licenciement	der Kündigungsschutz (sg.)
l'abolition du travail des enfants	die Abschaffung der Kinderarbeit (sg.)
les congés payés	der bezahlte Urlaub (sg.)
la réglementation de la durée du travail	die Arbeitszeitregelung (en)

la journée de huit heures	der 8-Stunden-Tag (e)
le temps de travail hebdomadaire	die wöchentliche Arbeitszeit (sg.)
la semaine de quarante heures	die 40-Stunden-Woche (n)
l'objectif	**das Ziel (e)**
la réduction du temps de travail	die Arbeitszeitverkürzung (en)
la réduction journalière	die tägliche Reduktion (sg.)
la réduction hebdomadaire	die wöchentliche Reduktion (sg.)
instaurer la semaine de 35 heures	die 35-Stunden-Woche ein/führen
améliorer les conditions de travail	die Arbeitsbedingungen verbessern
protéger contre les atteintes à la santé	vor Gesundheitsschäden schützen
réduire la fatigue physique	die körperliche Belastung vermindern
préserver du surmenage	vor Überforderung bewahren
maintenir la paix sociale	den sozialen Frieden bewahren
maintenir le plein emploi	die Vollbeschäftigung erhalten (ie, a, hat)
la sécurité de l'emploi	die Arbeitsplatzsicherung (sg.)
rendre les conditions de travail plus humaines	die Humanisierung der Arbeit (sg.)
être conforme à la dignité de l'homme	der Würde des Menschen entsprechen (a, o, hat)
la qualité plutôt que la quantité	Qualität statt Quantität (sg.)

le chômage — die Arbeitslosigkeit (sg.)

la raréfaction du travail	die Verknappung der Arbeit (sg.)
la fin de la stabilité professionnelle	das Ende der Berufsstabilität (sg.)
la suppression d'emplois	der Abbau von Arbeitsplätzen ♦ der Beschäftigungseinbruch (¨e)
le licenciement	die Entlassung (en)
la compression de personnel	die Personaleinsparung (en)
le chômage structurel	die strukturbedingte Arbeitslosigkeit (sg.)
le chômage conjoncturel	die konjunkturbedingte Arbeitslosigkeit (sg.)
le chômage massif	die Massenarbeitslosigkeit (sg.)
le chômage de longue durée	die Langzeitarbeitslosigkeit (sg.)
le chômeur de longue durée	der Langzeitarbeitslose (n) adj. subst.
le chômage partiel	die Kurzarbeit (en)
la résignation	die Resignation (sg.)
l'isolement	die Isolierung (sg.)
la perte de confiance en soi	der Verlust an Selbstvertrauen (sg.)
l'identité par le métier	die Identität durch den Beruf (sg.)
la perte de son identité	der Identitätsverlust (sg.)

la déchéance sociale	der soziale Abstieg (sg.)
l'émigration	die Abwanderung (en)
la navette des travailleurs frontaliers	der Pendlerverkehr (sg.)
les causes	**die Ursachen (pl.)**
l'insuffisance de formation professionnelle	die mangelhafte Berufsausbildung
la main-d'oeuvre non qualifiée	die ungelernte Arbeitskraft
l'âge	das Alter (sg.)
les personnes de plus de 50 ans	die Menschen über 50 (pl.)
le handicap	die Behinderung (en)
le handicapé	der Behinderte (n) adj. subst.
la maladie	die Krankheit (en)
le malade	der Kranke (n) adj. subst.
l'étranger	der Ausländer (-)
la femme	die Frau (en)
la discrimination	die Diskriminierung (en)
la non-compétitivité	die Wettbewerbsunfähigkeit (sg.)
rester compétitif	wettbewerbsfähig bleiben (ie, ie, ist)
la haute technologie	die High-Tech (sg.)
la récession	die Rezession (en)
la crise du pétrole	die Ölkrise (n)
l'augmentation du prix du pétrole	die Ölpreiserhöhung (en)
le désarmement	die Abrüstung (sg.)
le chômage dû au désarmement	die abrüstungsbedingte Arbeitslosigkeit
la protection de l'environnement ralentissant la croissance	der Wachstum verzögernde Umweltschutz (sg.)
l'arrivée d'Allemands venus d'ex-RDA	der Zustrom von Übersiedlern
le marché de l'emploi	**der Arbeitsmarkt (sg.)**
la politique de l'emploi	die Arbeitsmarktpolitik (sg.)
la politique orientée vers la création d'emplois	die beschäftigungsorientierte Politik
la loi en faveur de l'emploi	das Arbeitsförderungsgesetz (e)
des mesures pour la création d'emplois	ABM-Maßnahmen (pl.)
le remaniement des postes	die Umschichtung der Arbeitsstellen
le changement des emplois	die Veränderung der Arbeitsplätze
la protection de l'environnement crée de nouveaux emplois	der Umweltschutz schafft neue Arbeitsplätze
la croissance par le marché intérieur	das Wachstum durch den Binnenmarkt (sg.)
la demande d'emploi	die Arbeitsnachfrage (n)

l'offre d'emploi	das Arbeitsangebot (e)
l'emploi vacant	die offene Stelle, die unbesetzte Stelle
l'exigence d'une qualification accrue	die erhöhte Qualifikationsforderung
la pénurie de main-d'oeuvre	der Mangel an Arbeitskräften
la pénurie en main-d'oeuvre qualifiée	der Fachkräftemangel (sg.)
la défaillance en matière de qualification	das Qualifikationsdefizit (sg.)
la crise de la formation	die Engpässe in der Ausbildung
prendre des mesures en faveur de la qualification	Qualifizierungsmaßnahmen treffen (a, o, hat)
la formation continue	die Fortbildung (en)
le recyclage, la reconversion professionnelle	die Umschulung (en)
la préretraite	der Vorruhestand (sg.)
la retraite	der Ruhestand (sg.)

l'époque postindustrielle — das postindustrielle Zeitalter (sg.)

le changement des structures — der Strukturwandel (sg.)

la révolution qualitative	die qualitative Revolution (sg.)
la mutation technologique	der technologische Wandel (sg.)
l'utilisation de nouvelles techniques	der Einsatz neuer Techniken
au bureau	im Büro
dans l'administration	in der Verwaltung
dans le secteur industriel	in dem Industriesektor
le progrès technique	der technische Fortschritt
la microélectronique	die Mikroelektronik (sg.)
la technologie de pointe	die Spitzentechnologie (n)
la technologie de base	die Basistechnologie (n)
l'innovation	die Innovation (en)
la rationalisation	die Rationalisierung (en)
l'informatisation	die Informatisierung (en)
l'informatique	die Informatik (sg.)
l'outil de travail commandé par programme	das programmgesteuerte Arbeitsmittel
l'automatisation	die Automation (sg.), die Automatisierung (sg.)
la robotisation	die Robotisierung (en)
le robot	der Roboter (-)
le robot industriel	der Industrieroboter (-)
l'utilisation croissante de robots	der zunehmende Robotereinsatz (sg.)
le gain de productivité	der Produktivitätsgewinn (sg.)

l'augmentation de la productivité	die Erhöhung der Produktivität (sg.)
le gain de temps de travail	die Einsparung von Arbeitszeit (sg.)
le maintien de la compétitivité	die Erhaltung der Wettbewerbsfähigkeit (sg.)
la garantie de qualité	der Qualitätsnachweis (sg.)
l'échange accéléré d'informations	der schnellere Informationsaustausch (sg.)
la création de nouveaux emplois	die Schaffung neuer Arbeitsplätze
la mise en fonctionnement des installations	die Einstellung der Anlagen
leur contrôle	ihre Steuerung
leur maintenance	ihre Wartung
leur réparation	ihre Reparatur
la société postindustrielle	**die postindustrielle Gesellschaft (sg.)**
une conjoncture de l'emploi dynamique	eine dynamische Arbeitslandschaft
moderniser sans exclure	modernisieren ohne auszuschließen (o, o, hat)
adapter le travail aux besoins de l'entreprise	die Arbeit den betrieblichen Bedürfnissen an/passen
la nouvelle politique du travail	die neue Arbeitszeitpolitik (sg.)
la nouvelle répartition du travail	die neue Verteilung der Arbeit (sg.)
le partage de l'emploi	die Arbeitsplatzteilung (en)
la nouvelle répartition des revenus	die neue Verteilung der Einkommen
la modification de l'organisation du travail	die Veränderung der Arbeitsorganisation
supprimer l'entrave que représentent les hiérarchies	die hinderlichen Hierarchien ab/bauen
la tertiarisation des secteurs et des activités	die Tertiarisierung der Sektoren und Tätigkeiten
la réduction de la fatigue physique	die Abnahme physischer Belastung
des structures de travail dignes de l'homme	menschengerechte Arbeitsstrukturen (pl.)
le bureau à personnel réduit	das menschenarme Büro
l'usine à personnel réduit	die menschenarme Fabrik
arriver à plus de flexibilité	mehr Beweglichkeit erreichen
rendre le temps de travail plus flexible	die Arbeitszeitflexibilisierung (sg.)
l'horaire souple	die flexible Arbeitszeit (sg.)
la main-d'oeuvre souple	die flexible Arbeitskraft
l'horaire mobile	die Gleitzeit (sg.)
le congé sabbatique	das Sabbatical (sg.) pron. angl.
l'année sabbatique	das Sabbat-Jahr (e), das Sabbatjahr (e) ♦ das Ruhejahr (e)
l'activité à durée déterminée	die befristete Beschäftigung
le job, le travail provisoire	der Job (s)

le travail saisonnier	die Saisonarbeit (en)
l'emploi à temps partiel	die Teilzeitarbeit (en)
introduire le travail en équipes au bureau	die Schichtarbeit ins Büro ein/führen
le travail à domicile sur réseau, le télétravail	die Telearbeit (sg.), die Tele-Heimarbeit (sg.) ♦ die außerbetriebliche Arbeitsstätte
le "travail de bureau mobile"	die "mobile Büroarbeit" (sg.)
changer l'univers du bureau	die Bürowelt verändern
l'emploi plus humain	der humanere Arbeitsplatz
mieux concilier métier et famille	Beruf und Familie besser vereinbaren
désengorger les rues	die Straßen entlasten
rééquilibrer le marché de l'immobilier	den Wohnungsmarkt entzerren
moins de coûts pour l'entreprise	weniger Kosten für den Betrieb
liberté croissante d'aménagement du temps	mehr Gestaltungsfreiheit (sg.)
l'autodiscipline	die Selbstdisziplin (sg.)
l'indépendance	die Selbständigkeit (sg.)
le désavantage	**der Nachteil (e)**
la déréglementation du droit du travail	die Deregulierung des Arbeitsrechts (sg.)
perte du statut de salarié	der Verlust des Status als Arbeitnehmer (sg.)
moins de protection contre le licenciement	weniger Kündigungsschutz (sg.)
se désolidariser en tant que travailleur	sich als Arbeiter desolidarisieren
l'isolement	die Isolierung (sg.)
l'absence de la dynamique de groupe	die fehlende Gruppendynamik (sg.)
le manque de contact	der mangelnde Kontakt (sg.)
le stress	der Streß (sg.)
le stress lié au travail	der Arbeitsdruck (sg.)
l'augmentation de la fatigue psychique	die Zunahme psychischer Belastung
la monotonie sur le lieu de travail	die Monotonie am Arbeitsplatz
exiger plus d'attention et de minutie	mehr Aufmerksamkeit und Sorgfalt fordern
une plus grande complexité des tâches	eine größere Komplexität der Arbeitsaufgaben
les connaissances et le savoir-faire sont plus vite dépassés	Wissen und Können veralten schneller
la collaboration	**die Zusammenarbeit (sg.)**
un monde hautement complexe	eine hochkomplexe Welt (sg.)
l'explosion du savoir	die Wissensexplosion (sg.)
le savoir spécialisé	das Spezialwissen (sg.)
se spécialiser	sich spezialisieren
être hautement spécialisé	hochspezialisiert sein

les limites de l'individu	die Unzulänglichkeit des Einzelnen (sg.)
le travail d'équipe	die Teamarbeit (en)
le travail en groupes	die Gruppenarbeit (en)
interdisciplinaire	interdisziplinär
réfléchir par-delà le cadre de ses compétences	fächerübergreifend denken (a, a, hat)
résoudre ensemble des problèmes complexes	komplexe Probleme zusammen lösen
se maintenir dans la concurrence internationale	im internationalen Wettbewerb bestehen (a, a, hat)
encourager la créativité	die Kreativität fördern
innover par le biais d'équipes	die Innovationen durch Teams erbringen (a, a, hat)
mettre la réalisation individuelle au service de la communauté	die Einzelleistung in den Dienst der Allgemeinheit stellen
intégrer ses connaissances dans des contextes plus larges	seine Kenntnisse in größere Zusammenhänge ein/ordnen
les nouveaux profils	**die neuen Profile (pl.)**
la dévalorisation des qualifications traditionnelles	die Entwertung der traditionellen Qualifikationen
une plus grande qualification	eine Höherqualifizierung (sg.)
les nouvelles vertus professionnelles	die neuen Arbeitstugenden (pl.)
la responsabilité	die Verantwortung (sg.)
la persévérance	das Durchhaltevermögen (sg.)
la créativité	das Kreativvermögen (sg.)
la souplesse intellectuelle	die geistige Beweglichkeit (sg.)
la mobilité	die Mobilität (sg.)
le pouvoir d'adaptation	die Anpassungsfähigkeit (sg.)
la flexibilité	die Flexibilität (sg.)
l'envie d'apprendre	die Lernmotivation (sg.)
la formation continue	die Weiterbildung (sg.)
un apprentissage permanent	ein ewiges Lernen (sg.)
le rôle du travail	**die Rolle der Arbeit (sg.)**
la valeur matérielle	der materielle Wert (sg.)
produire	produzieren
consommer	verbrauchen
la sécurité	die Sicherheit (sg.)
assurer son existence	die Existenzsicherung (sg.)

l'approvisionnement	die Versorgung (en)
gagner son pain	sein Brot verdienen
gagner sa vie	seinen Lebensunterhalt verdienen
le statut social	der Sozialstatus (sg.)
être utile	nützlich sein
participer à la vie sociale	an der Gesellschaft teil/nehmen (a, o, hat)
la communication	die Kommunikation (sg.)
communiquer	kommunizieren
le plaisir procuré par le travail	der Spaß an der Arbeit (sg.)
avoir un sens	einen Sinn haben
le nouveau rôle du travail	**die neue Rolle der Arbeit (sg.)**
le changement de sens	der Sinneswandel (sg.)
le changement des valeurs	der Wertewandel (sg.)
les valeurs postmatérielles	die postmateriellen Werte (pl.)
produire moins, vivre mieux	weniger produzieren, besser leben
dissocier travail et salaire	Arbeit und Lohn entkoppeln
encourager l'activité non productive	die unproduktive Tätigkeit fördern
l'activité sociale	die soziale Tätigkeit
l'éducation	die Erziehung (sg.)
le travail est accessoire	die Arbeit ist nebensächlich
trouver son identité à l'extérieur du travail	seine Identität außerhalb der Arbeit finden (a, u, hat)
la distanciation par rapport à la vie professionnelle	die Distanzierung zum Berufsleben (sg.)
mettre en valeur les potentialités de l'homme	die Kräfte im Menschen erschließen (o, o, hat)
l'autodétermination	die Selbstbestimmung (sg.)
la réalisation de soi	die Selbstverwirklichung (sg.)
l'épanouissement de la personnalité	die Entfaltung der Persönlichkeit (sg.)
un besoin accru de temps libre	ein erhöhtes Freizeitbedürfnis (sg.)
disposer souverainement de son temps	die Zeitsouveränität (sg.)
le rôle des loisirs	die Rolle der Freizeit (sg.)
organiser ses loisirs de manière constructive	die Freizeit sinnvoll gestalten
la valorisation des loisirs	die Aufwertung der Freizeit (sg.)
l'allongement du temps de loisir	die Ausweitung der Freizeit (sg.)

8. Die Dritte Welt

In mehreren Teilen der Welt – prinzipiell in der Südhalbkugel, das heißt in Lateinamerika, Afrika und in Asien – herrscht absolute Armut. Millionen Menschen leben unter der Armutsgrenze in dem größten Elend und können das Existenzminimum nicht erreichen. Die Armutsfaktoren sind zahlreich. Sie sind zuerst politischer Natur : der Aufwand für die Rüstung ist oft hoch, viel Geld wird von Generälen und Diktatoren verschwendet, da es keine Demokratie gibt. Die politische und die wirtschaftliche Situation ist instabil : die Produktion ist ungeeignet, die Ressourcen werden total ausgebeutet und die Schuldenlast dieser Länder steigt. Die klimatischen Katastrophen führen zu Verwüstungen und Mißernten. Hunger und Wassermangel sind das tägliche Schicksal vieler Völker. Da es kein soziales Netz, wenig Aufklärung und Schulbildung gibt, kennen diese Länder einen großen Kinderreichtum. Diese Bevölkerungsexplosion führt noch mehr Elend und noch mehr Umweltbelastung herbei.

Die Zweiteilung der Welt ist gefährlich für die Industrienationen wie für die Dritte Welt, denn die zwei Teile sind voneinander abhängig. Wenn der Dritten Welt nicht geholfen wird, werden immer mehr Menschen aus dem Elend fliehen wollen. Die Industrienationen können diesen massiven Einwanderungsdruck nicht verkraften. Deshalb sorgen große Organismen für eine kurzfristige Entwicklungshilfe. Das wichtigste bleibt eine rationelle Entwicklungspolitik, die Hilfe zur Selbsthilfe, damit die Dritte Welt selbständig werde.

8. Le Tiers Monde

Dans de nombreuses parties du monde – principalement dans l'hémisphère sud, c'est à dire en Amérique latine, en Afrique et en Asie – la pauvreté absolue sévit. Des millions de gens vivent en-dessous du seuil de pauvreté, dans la plus grande des misères, et ne peuvent pas atteindre le minimum vital. Les facteurs de pauvreté sont nombreux. Ils sont d'abord de nature politique : dépenses pour l'armement souvent élevées et argent dilapidé, en l'absence de toute démocratie, par des généraux et des dictateurs. La situation politique et économique est instable : la production est inadaptée, les ressources sont exploitées de manière abusive et le poids de la dette de ces pays augmente. Les catastrophes climatiques entraînent dévastations et mauvaises récoltes. Faim et manque d'eau sont le quotidien de beaucoup de peuples. Comme il n'y a pas de protection sociale, qu'il n'existe que peu d'information et de formation scolaire, ces pays connaissent une forte natalité. Cette explosion démographique génère une misère et une pollution accrues.

La bipartition du monde est dangereuse pour le Tiers Monde comme pour les nations industrialisées car les deux parties sont interdépendantes. Si l'on ne vient pas en aide au Tiers Monde, un nombre toujours croissant de personnes voudra fuir la misère : les nations industrialisées ne pourront pas intégrer ce flot d'immigration massive. C'est pourquoi de grands organismes s'occupent du développement humanitaire à court terme. L'essentiel reste néanmoins qu'une politique de développement rationnelle, favorisant l'effort personnel, aide le Tiers Monde à devenir autonome.

la pauvreté	**die Armut (sg.)**
pauvre	**arm**
être pauvre comme Job (très pauvre)	bettelarm sein
les pauvres	die Armen (pl.)
les plus pauvres	die Ärmsten (pl.)
le seuil de pauvreté	die Armutsgrenze (sg.), die Armutsschwelle (sg.)
vivre sous le seuil de pauvreté	unter der Armutsgrenze leben
la privation	die Entbehrung (en)
manquer de qch	etwas entbehren
le démuni	der Bedürftige (n) adj. subst.
être démuni, dans le besoin	bedürftig sein
le besoin	der Bedarf (sg.)
la misère	das Elend (sg.)
la paupérisation massive	die Massenverelendung (sg.)
le pays en voie de développement	das Entwicklungsland (¨er)
l'hémisphère sud	die Südhalbkugel (sg.)
le continent africain	der afrikanische Kontinent (sg.)
le continent noir	der schwarze Kontinent (sg.)
la Corne de l'Afrique	das Horn von Afrifa (sg.)
l'Amérique Latine	Lateinamerika
l'Asie	Asien
le facteur de pauvreté	**der Armutsfaktor (en)**
le mauvaix choix politique	**die politische Fehlentscheidung**
la tyrannie	die Tyrannei (en)
la dictature	die Diktatur (en)
le dictateur	der Diktaktor (en)
dictatorial	diktatorisch
l'armée	die Armee (n)
le général	der General (e / ¨e)
le despote	der Despot (en, en)
le système autoritaire	das autoritäre System
le système totalitaire	das totalitäre System
le népotisme, le favoritisme	die Vetternwirtschaft (en)
les bureaucrates incompétents	die unfähigen Bürokraten (pl.)
l'instabilité	die Instabilität (sg.)
la corruption	die Korruption (sg.), die Bestechung (en)

être corrompu	korrupt sein
corrompre	korrumpieren
la violence	**die Gewalt (sg.)**
le blocus alimentaire pour des raisons politiques	die politische Hungerblockade
la persécution	die Verfolgung (en)
persécuter	verfolgen
l'oppression	die Unterdrückung (en)
opprimer	unterdrücken
la minorité	die Minderheit (en)
la violation des Droits de l'Homme	die Verletzung der Menschenrechte
le mépris	die Verachtung (sg.)
mépriser, dédaigner	verachten
l'injustice	die Ungerechtigkeit (sg.)
l'indifférence	die Gleichgültigkeit (sg.)
l'inégalité	die Ungleichheit (sg.)
la tension	die Spannung (en)
l'explosion de haine et de violence	der Ausbruch von Haß und Gewalt (sg.)
la querelle ethnique	die ethnische Fehde
la querelle tribale	die Stammesfehde (n)
les troubles raciaux	die Rassenunruhen (pl.)
l'émeute, l'échauffourée	der Krawall (e)
le pillage	die Plünderung (en)
piller	plündern
le soulèvement	der Aufstand (¨e)
la révolution	die Revolution (en)
les violences intégristes	die Ausschreitungen der Fundamentalisten
le Front Islamique du Salut	die Islamische Heilsfront (sg.)
la guerre	der Krieg (e)
la guerre civile	der Bürgerkrieg (e)
le combat	der Kampf (¨e)
se battre pour	kämpfen für + A., um + A.
se battre contre, combattre	kämpfen gegen + A.
le combat pour la liberté	der Freiheitskampf (¨e)
la résistance	der Widerstand (sg.)
le mouvement de résistance	die Widerstandsbewegung (en)
le budget militaire	**das Militärbudget (sg.)**
les grosses dépenses militaires	die hohen Militärausgaben (pl.)

les grosses dépenses pour qch.	der hohe Aufwand für + A. (sg.)
l'armement	die Rüstung (sg.), die Aufrüstung (sg.)
le surarmement	die Hochrüstung (sg.)
l'arme	die Waffe (n)
l'achat d'armes	der Waffenkauf (sg.)
l'importation d'armes	der Waffenimport (e)
l'exportation d'armes	der Waffenexport (e)
le trafic d'armes	der Waffenhandel (sg.)
le marchand d'armes	der Waffenhändler (-)
le fournisseur d'armes	der Waffenlieferant (en, en)

des économies secouées par la crise	**krisengeschüttelte Volkswirtschaften (pl.)**
ne pas être compétitif	nicht konkurrenzfähig sein
la situation économique	die Wirtschaftslage (n)
l'exploitation économique	die wirtschaftliche Ausbeutung (sg.)
produire à tout prix	um jeden Preis produzieren
une production inadaptée	eine ungeeignete Produktion
cultiver des produits d'exportation	Exportgüter an/pflanzen
une production orientée vers l'exportation	eine auf Export ausgerichtete Produktion
produire des produits de luxe à bon marché pour les nations industrialisées	billige Luxusgüter für die Industrienationen produzieren
les deux chocs pétroliers	die beiden Ölkrisen (pl.)
la chute des prix des matières premières	der Verfall der Rohstoffpreise
l'entrave de la politique de la CEE	das Hindernis der EG-Politik
les entraves douanières et commerciales	die Zoll- und Handelshemmnisse (pl.)
la taxation des importations	die Verteuerung der Importe

les catastrophes naturelles	**die Naturkatastrophen (pl.)**
le climat	das Klima (s / -mata)
la chaleur	die Hitze (sg.)
le manque d'eau	der Wassermangel (sg.)
la sécheresse	die Dürre (sg.)
le désert	die Wüste (n)
la désertification	die Verwüstung (sg.), die Desertifikation (sg.)
l'avancée du désert	die Ausdehnung der Wüste
le tourbillon	der Wirbelwind (sg.)
le tourbillon, le cyclone	der Wirbelsturm (sg.)
le cyclone	der Zyklon (e)
la tornade	der Tornado (s)

les pluies excessives	die übermäßigen Regenfälle (pl.)
la pluie diluvienne	der sintflutartige Regen (sg.)
l'inondation	die Überschwemmung (en)
la terre inculte	das Brachland (sg.)
la mauvaise récolte	die Mißernte (n)
la sauterelle	die Heuschrecke (n)
l'explosion démographique	**die Bevölkerungsexplosion (sg.)**
la croissance démographique	das Bevölkerungswachstum (sg.) ♦ die Bevölkerungszunahme (sg.)
le taux des naissances augmente	die Geburtenrate steigt (ie, ie, ist)
le nombre élevé d'enfants	die hohe Kinderzahl (sg.) ♦ der Kinderreichtum (sg.)
assurer la sécurité pour ses vieux jours	die Sicherheit im Alter schaffen (u, a, hat)
la surpopulation	die Über(be)völkerung (sg.)
la population mondiale s'accroît	die Weltbevölkerung steigt (ie, ie, ist)
les nations les plus peuplées	die bevölkerungsreichsten Nationen (pl.)
les métropoles grouillantes du Tiers Monde	die wuchernden Drittwelt-Metropolen (pl.)
le cercle vicieux de la pauvreté et de la descendance nombreuse	der Teufelskreis von Armut und Kinderreichtum (sg.)
pas de protection sociale	**kein soziales Netz (sg.)**
être dépendant d'une aide extérieure	auf fremde Hilfe angewiesen sein
pas de régime de retraite	keine Altersversorgung (sg.)
une infrastructure insuffisante	eine mangelnde Infrastruktur (sg.)
la situation sociale explosive	der soziale Sprengstoff (sg.)
le manque d'éducation et de formation	**mangelnde Bildung und Ausbildung (sg.)**
le manque d'information	mangelde Aufklärung (sg.)
l'ignorance	die Unwissenheit (sg.)
l'analphabétisme	das Analphabetentum (sg.)
l'analphabète	der Analphabet (en, en)
la superstition	der Aberglaube (sg.)

les conséquences de la pauvreté — die Folgen der Armut

la pauvreté absolue	die absolute Armut (sg.)
le minimum vital	das Existenzminimum (sg.) ♦ die Existenzgrundlage (n)
ne pas atteindre le minimum vital	das Existenzminimum nicht erreichen

végéter	vegetieren
le sous-développement	die Unterentwicklung (en)
la difficulté d'approvisionnement	die Versorgungsschwierigkeit (en)
la faim	**der Hunger (sg.)**
le manque de nourriture	der Nahrungsmangel (sg.)
la sous-alimentation	die Unterernährung (sg.)
être sous-alimenté	unterernährt sein
la famine	die Hungersnot (sg.)
mourir de faim	an Hunger sterben (a, o, ist), verhungern
le territoire où sévit la famine	das Hungergebiet (e)
(se) nourrir	(sich) ernähren
la maladie	**die Krankheit (en)**
mettre la santé en danger	die Gesundheit gefährden
l'épidémie	die Seuche (n), die Epidemie (n)
le manque d'hygiène	mangelnde Hygiene (sg.)
le manque d'approvisionnement en eau potable	mangelnde Versorgung mit sauberem Wasser (sg.)
la déshydratation	die Dehydration (sg.), die Dehydrierung (sg.)
être menacé de sida	Aids-gefährdet sein
peu de soins médicaux	wenig medizinische Versorgung (sg.)
l'espérance de vie courte	die kurze Lebenserwartung (sg.)
survivre	überleben
de mauvaises conditions de survie	schlechte Überlebensbedingungen (pl.)
le taux de mortalité	die Sterblichkeitsrate (n)
le taux de mortalité élevé	die hohe Sterblichkeit (sg.)
la mortalité des enfants et des femmes	die Kinder-und Frauensterblichkeit (sg.)
la misère des enfants	**das Kinderelend (sg.)**
l'enfant	das Kind (er)
les enfants des rues	die Straßenkinder (pl.)
la vente d'enfants	der Verkauf der Kinder
l'exploitation des enfants	die Kinderausbeutung (sg.)
le mauvais traitement à enfants	die Kindermißhandlung (en)
la prostitution infantile	die Kinderprostitution (sg.)
le travail des enfants	die Kinderarbeit (sg.)
les enfants soldats	die Kindersoldaten (pl.)

les conséquences écologiques	**die ökologischen Folgen (pl.)**
la destruction de l'environnement	die Umweltzerstörung (en)
la catastrophe écologique	die Umweltkatastrophe (n)
une production polluante	eine verschmutzende Produktion
les préjudices pour le climat	die Schäden für das Klima
épuiser le sol	den Boden aus/laugen
défricher la forêt	den Wald roden
le déboisement	die Abholzung (en)
le surpâturage	die Überweidung (sg.)
la monoculture intensive	die intensive Monokultur (sg.)
des ressources qui se raréfient	knapp werdende Ressourcen (pl.)
la migration	**die Wanderung (en)**
l'exode, la migration des peuples	die Völkerwanderung (en)
le migrant	der Abwanderer (-)
l'émigration	die Auswanderung (en)
l'émigrant	der Auswanderer (-)
émigrer	aus/siedeln, aus/wandem, über/siedeln
l'immigration	die Einwanderung (en)
l'immigrant	der Einwanderer (-) ♦ der Zuzügler (-), der Zuwanderer (-)
immigrer	ein/wandern
l'afflux (d'immigrants)	der Zustrom (sg.), der Zuzug (sg.)
le flux d'immigration	die Einwanderungsflut (sg.)
la pression de l'immigration	der Einwanderungsdruck (sg.)
le pays d'accueil	das Einwanderungsland (¨er)
le pays de destination	das Zielland (¨er)
le pays d'origine	das Herkunftsland (¨er)
fuir	fliehen (o, o, ist)
la fuite	die Flucht (sg.)
le réfugié	der Flüchtling (e)
celui qui fuit la guerre civile	der Bürgerkriegsflüchtling (e)
le migrant économique	der Wirtschaftsflüchtling (e)
le réfugié de la misère	der Armutswanderer (-)
l'Etat oppresseur	der Verfolgerstaat (en)
l'Etat non oppresseur	der Nicht-Verfolgerstaat (en)
l'apatride	der Staatenlose (n) adj. subst.
le réfugié politique	der Asylant (en, en)

le demandeur d'asile	der Asylbewerber (-), der Antragsteller (-)
la demande d'asile	der Asylantrag (¨e)
déposer une demande de droit d'asile	einen Asylantrag stellen
la requête	das Gesuch (e)
présenter une requête	ein Gesuch stellen
la Convention de Genève	die Genfer Konvention (sg.)
l'harmonisation du droit d'asile au sein de la CEE	die Harmonisierung des EG-Asylrechts (sg.)
le sujet délicat	das heikle Thema
le camp de réfugiés	das Flüchtlingslager (-)
le séjour dans un camp de réfugiés	der Lageraufenthalt (e)
le permis de séjour	die Aufenthaltsgenehmigung (en)
le quota d'immigration	die Einwanderungsquote (n)
la limitation à l'immigration	die Einwanderungsbeschränkung (en)
se protéger contre, se fermer à	sich ab/schotten gegen + A.
la défense contre les étrangers	die Fremdenabwehr (sg.)
arrêter l'accueil des étrangers	der Aufnahmestopp (sg.)
rendre les frontières moins perméables	die Grenzen dichter machen
les barrières contre l'immigration	die Sperren gegen die Einwanderung
se débarrasser de	ab/schieben (o, o, hat)
débouter, renvoyer	ab/weisen (ie, ie, hat)
repousser	ab/wehren
reconduire aux frontières	an die Grenzen zurück/befördern

l'aide aux pays en voie de développement	**die Entwicklungshilfe (sg.)**
l'aide humanitaire	die humanitäre Hilfe (sg.)
le fonds de développement	der Entwicklungsfonds (sg.)
l'UNICEF	die UNICEF
la FAO, l'Organisation pour l'alimentation et l'agriculture	die FAO
l'ONU, l'Organisation des Nations unies	die UNO
la banque mondiale	die Weltbank (sg.)
le Fonds monétaire international	der Internationale Währungsfonds (sg.)

l'aide à court terme	**die kurzfristige Hilfe (sg.)**
le pays donateur	das Geberland (¨er)
l'organisation humanitaire	die Hilfsorganisation (en)
les produits de première nécessité	die Hilfsgüter (pl.)

le don	die Spende (n)
donner, distribuer	spenden
la nourriture	das Nahrungsmittel (-)
approvisionner en nourriture	mit Nahrungsmitteln versorgen
le médicament	das Medikament (e)
envoyer des médicaments	Medikamente schicken
le pont aérien	die Luftbrücke (n)
le convoi	der Konvoi (s)
la protection des convois	der Schutz der Konvois
assurer le passage des convois humanitaires	das Durchkommen von Hilfskonvois sichern

la politique de développement	**die Entwicklungspolitik (sg.)**
le conflit Nord-Sud	der Nord-Süd Konflikt (sg.)
la bipartition	die Zweiteilung (sg.)
un monde bipartite	eine zweigeteilte Welt (sg.)
un ordre mondial instable	eine instabile Weltordnung (sg.)
l'interdépendance des deux continents :	die Interdependenz der zwei Kontinente :
– économique du côté africain	– die ökonomische auf afrikanischer Seite
– écologique du côté européen	– die ökologische auf europäischer Seite
la responsabilité des nations industrialisées	die Schuld der Industrienationen

l'aide à long terme	**die langfristige Hilfe (sg.)**
éliminer les causes de l'exode	die Fluchtursachen beseitigen
favoriser l'effort personnel	die Hilfe zur Selbsthilfe
viser l'indépendance	die Unabhängigkeit erzielen
le calcul politique et économique	das politische und wirtschaftliche Kalkül (sg.)
réduire l'écart entre le Nord et le Sud	das Nord-Süd Gefälle reduzieren
le clivage dû à l'inégale répartition des richesses	die Wohlstandskluft (sg.)

encourager la baisse de la natalité	**den Geburtenrückgang fördern**
introduire le contrôle des naissances	die Geburtenkontrolle ein/führen
le planning familial	die Familienplanung (sg.)
le moyen contraceptif	das Verhütungsmittel (-)
la pilule abortive RU 486	die Abtreibungspille RU 486
l'information	die Aufklärung (en)
informer	auf/klären über + A.
s'adresser principalement aux femmes	sich prinzipiell an die Frauen wenden (a, a, hat) ou faible

les dettes élevées	**die hohen Schulden (pl.)**
les dettes à long terme	die langfristigen Schulden (pl.)
les dettes extérieures	die Auslandsschulden (pl.)
la crise de la dette	die Schuldenkrise (n)
la montagne de dettes	der Schuldenberg (e)
le poids de la dette	die Schuldenlast (sg.), die Verschuldung (en)
être endetté	verschuldet sein
être criblé de dettes	hochverschuldet sein
les taux d'intérêt élevés	die hohen Zinsen (pl.)
le taux d'inflation élevé	die hohe Inflationsrate
le débiteur	der Schuldner (-)
le pays débiteur	das Schuldnerland (¨er)
le pays endetté	das verschuldete Land
l'emprunteur	der Kreditnehmer (-)
le créancier	der Gläubiger (-)
l'Etat créancier	der Gläubigerstaat (en)
le retard de paiement	der Zahlungsverzug (sg.)
les difficultés de paiement	die Zahlungsschwierigkeiten (pl.)
être solvable	kreditwürdig sein, kreditfähig sein
être insolvable	kreditunfähig sein, kreditunwürdig sein
la dépendance politique	die politische Abhängigkeit (sg.)
la tutelle, la curatelle	die Kuratel (en)
être sous tutelle	unter Kuratel stehen (a, a, hat)
placer sous tutelle	unter Kuratel stellen
tenir en tutelle	bevormunden
le remboursement	die Rückzahlung (en)
céder les revenus provenant de l'exportation	die Exporteinnahmen ab/treten (a, e, hat)
mener une politique rigoureuse d'austérité	eine rigorose Sparpolitik führen
le règlement des dettes	die Schuldenregelung (en)
l'amortissement des dettes	die Schuldentilgung (en), die Entschuldung (en)
amortir	tilgen
le plan d'échelonnement des dettes	der Entschuldungsplan (¨e)
la remise de dettes	der Schuldenerlaß (-sse)
remettre une dette	eine Schuld erlassen (ie, a, hat)
l'intervention	**die Intervention (sg.)**
le droit d'ingérence	das Eingriffsrecht (sg.)
intervenir dans	ein/greifen (i, i, hat) in + A.

s'immiscer dans	sich ein/mischen in + A.
la protection de la population civile	der Schutz der zivilen Bevölkerung
des critères de distribution plus sévères	strengere Vergabekriterien (pl.)
lier aide et désarmement	die Hilfe an Abrüstung knüpfen
la limitation de l'armement	die Rüstungsbeschränkung (en)
réduire les dépenses militaires	die Militärausgaben kürzen
la limitation de l'exportation d'armes	die Einschränkung des Waffenexports
lier aide et démocratisation	die Hilfe an die Demokratisierung knüpfen
stabiliser politiquement	politisch stabilisieren
encourager la démocratisation	die Demokratisierung fördern
le soutien financier et technique	**die finanzielle und technische Unterstützung**
encourager économiquement	wirtschaftlich fördem
la coopération économique	die wirtschaftliche Kooperation (sg.)
le transfert des capitaux et de la technologie	der Kapital-und Technologietransfer (sg.)
mettre en place une infrastructure	die Infrastruktur auf/bauen
développer la protection sociale	das soziale Netz entwickeln
procéder à des vaccinations collectives	Massenimpfungen vor/nehmen (a, o, hat)
cultiver des produits alimentaires de base	Grundnahrungsmittel an/bauen
des méthodes de culture améliorées	verbesserte Anbaumethoden (pl.)
le prêt, le crédit	das Darlehen (-)
accorder un crédit	ein Darlehen bewilligen
la liquidation de la dette	die Entschuldung (sg.)
l'utilisation efficace des moyens financiers	der effiziente Einsatz der Finanzmittel
la suppression des barrières commerciales	die Beseitigung der Handelshemmnisse
l'ouverture des marchés mondiaux	die Öffnung der Weltmärkte
rattacher au marché mondial	an den Weltmarkt an/schließen (o, o, hat)
garantir des prix minimaux	Mindestpreise sichern

9. Die Drogen

Das Rauschgiftproblem ist zur Weltplage geworden, ob es um weiche oder harte Droge geht. Die Ursachen sind wirtschaftlicher und politischer Natur. Der Drogen-Umsatz ist so hoch, daß die Drogenmafia allmächtig und die Drogenbekämpfung schwer ist. Dieser Krieg muß weltweit geführt werden, wenn der Mafia das Handwerk endgültig gelegt werden soll. Denn Rauschgift schadet den Fixern und der ganzen Gesellschaft. Der Entzug bleibt schwer, die moderne Drogenpolitik ein heikles Thema.

Das Problem ist um so akuter, als AIDS mit dem Rauschgift verbunden ist. Rauschgiftsüchtige gehören zu der Risikogruppe : die Krankheit wird durch infizierte Nadeln und Beschaffungsprostitution verbreitet. Doch auch leichtsinnig verabreichte Blutübertragungen, AIDS-verseuchte Arzneimittel und ungeschützter Geschlechtsverkehr tragen zur Ausbreitung des Krankheitserregers bei. Außer an den AIDS-begleitenden Krankheiten leiden AIDS-Kranke noch unter gesellschaftlicher Diskriminierung. Heilen ist heute noch unmöglich. Man kann nur vorbeugen, und zwar durch Aufklärung und eigenverantwortliches Handeln.

Trotz der Risiken für die Gesundheit und obwohl muskelbildende Produkte auf der Verbotsliste stehen, wird im Hochleistungssport oft gedopt. Der Sportler erhofft sich davon eine Leistungssteigerung, die ihm mehr Erfolg und dementsprechend mehr Geld einbringen könnte.

Der Tabakkonsum fordert in den modernen Gesellschaften zahlreiche Opfer. Wegen den durch dieses Laster verursachten Gesundheitskosten haben die Industriestaaten Antitabak-Feldzüge organisiert. Das Rauchverbot löst manchmal bei den Rauchern Empörung aus, da sie eine solche Maßnahme als Verstoß gegen die Menschenrechte empfinden. Auch der Alkohol gehört in vielen Ländern zum Alltag ; eine Gewohnheit, die gefährlich werden kann, wenn sie zur Abhängigkeit führt.

9. Les drogues

Le problème de la drogue est devenu un fléau mondial, qu'il s'agisse de drogue dure ou de drogue douce. Ses causes sont économiques et politiques. Des bénéfices considérables rendent la mafia de la drogue toute-puissante, de sorte que la lutte contre elle est difficile. La guerre doit être menée à l'échelle mondiale si l'on veut démanteler définitivement cette organisation criminelle. En effet, si les stupéfiants nuisent aux drogués, ils nuisent aussi à l'ensemble de la société. Le sevrage reste dur, la politique moderne contre la drogue un sujet délicat.

Le problème est d'autant plus aigu que le sida est lié à la prise de stupéfiants. Les drogués constituent un groupe à risque : aiguilles infectées et prostitution liée à la toxicomanie transmettent la maladie.Toutefois, des transfusions sanguines faites inconsidérément, des médicaments contaminés par le virus HIV ou des rapports sexuels sans précautions contribuent à la propagation de l'agent pathogène. Outre leur maladie, les sidéens souffrent également de discrimination sociale. La guérison est encore impossible à l'heure actuelle. On ne peut que prendre des mesures préventives en informant et en agissant de manière responsable.

Malgré les risques pour la santé et bien que les produits renforçant la musculature soient sur la liste des substances interdites, le dopage est assez courant dans le sport de haut niveau. Le sportif en espère un accroissement de sa performance qui pourrait lui apporter davantage de succès et, donc, plus d'argent.

Le tabagisme faisant dans les sociétés modernes de nombreuses victimes et suscitant des coûts de santé élevés, les nations industrialisées organisent des campagnes anti-tabac. L'interdiction de fumer, ressentie comme une entorse aux Droits de l'Homme, peut indigner les fumeurs. Dans beaucoup de pays, l'alcool fait lui aussi partie du quotidien, habitude qui peut devenir dangereuse si elle conduit à la dépendance.

le stupéfiant	das Rauschgift (sg.)
la drogue	die Droge (n)
la drogue dure	die harte Droge
la drogue douce	die weiche Droge
la drogue synthétique	die synthetische Droge
la substance hallucinogène	das Rauschmittel (-), das Halluzinogen (e)
la colle	der Klebstoff (e)
le narcotique, l'anesthésique	das Betäubungsmittel (-)
le joint (fam.)	der Joint (s) (fam.) pron. angl.
l'amphétamine	das Amphetamin (sg.)
le haschich	das Haschisch (sg.)
le cannabis	das Cannabis (sg.)
la marihuana	das Marihuana (sg.)
l'opium	das Opium (sg.)
la cocaïne	das Kokain (sg.)
l'héroïne	das Heroin (sg.)
le crack	der Crack (sg.) pron. angl.
l'XTC-Extasy	die Love-Droge XTC "Ecstasy" (sg.)
le taux de pureté le plus élevé	der höchste Reinheitsgrad (sg.)
fumer	rauchen
fumer du haschich, de la marihuana	kiffen (fam.)
sniffer (fam.)	schnupfen (fam.), sniffen (fam.)
injecter	spritzen
se piquer	fixen (fam.)

le toxicomane	der Rauschgiftsüchtige (n) adj. subst.
être toxicomane	süchtig sein
le toxicomane	der Fixer (-), der Junkie (s) pron. angl.
le "voyage"	der "Trip" (s)
la dépendance	die Abhängigkeit (sg.)
être dépendant de	abhängig sein von + D.
psychologiquement	seelisch
la dégradation de la personnalité	der Verfall der Persönlichkeit (sg.)
physiquement	körperlich
la lésion cérébrale	der Gehirnschaden (¨)
la maladie mentale	die Geisteskrankheit (en)
l'overdose	die Überdosis (sg.)

la mort par overdose	der Drogentod (sg.)
la déchéance sociale	der soziale Niedergang (sg.)
la prostitution	die Prostitution (sg.)
la criminalité liée à la toxicomanie	die Beschaffungskriminalität (sg.)
le délit	das Delikt (e)
le crime	das Verbrechen (-)
le criminel	der Verbrecher (-)
le sevrage	**der Entzug (sg.), die Entziehung (sg.)**
la cure de sevrage	die Entziehungskur (en)
le syndrome de sevrage	die Entzugserscheinung (en)
le danger de rechute	die Rückfallgefahr (en)
la rechute	der Rückfall (sg.)
rechuter	rückfällig werden
la prise en charge psychologique et sociale	die psychosoziale Betreuung
la thérapie	die Therapie (n)
trouver une place en thérapie	einen Therapieplatz finden (a, u, hat)
tenir bon	durch/halten (ie, a, hat)
être motivé pour	Motivation zeigen zu + D.
se sortir de la drogue	von der Droge weg/kommen (a, o, ist)
ne pas retomber dans le milieu	nicht in die Szene zurück/gleiten (i, i, ist)

la puissance mondiale de la drogue — die Weltmacht Droge (sg.)

le baron de la cocaïne	der Kokain-Baron (e)
le prince de l'opium	der Opium-Fürst (e)
le parrain de la drogue	der Rauschgiftboß (-sse)
l'industrie de la drogue	die Rauschgiftindustrie (n)
le commerce de la drogue	das Drogengeschäft (sg.)
le trafic de drogue	der Drogenhandel (sg.)
le trafiquant de drogue	der Drogenhändler (-)
la mafia de la drogue	die Drogenmafia (sg.)
le crime organisé	**das organisierte Verbrechen (sg.)**
le milieu de la drogue	die Drogenszene (n)
le cartel de la drogue	das Drogenkartell (e)
le Cartel de Medellin	das Kartell von Medellin (sg.)
la multinationale de la drogue	der Narco-Multi (s)
le trafic illégal	der illegale Handel (sg.)

le marché noir	der Schwarzmarkt (sg.)
le marché de la drogue	der Drogenmarkt (sg.)
le fournisseur de drogue	der Drogenlieferant (en, en)
le dealer	der Dealer (-)
le profit	**der Profit (e)**
le chiffre d'affaires de la drogue	der Drogen-Umsatz (¨e)
l'argent de la drogue	das Drogengeld (er)
les narco-dollars	die Narco-Dollars (pl.)
le blanchiment de l'argent	die Geldwäsche (sg.)
l'argent blanchi, recyclé	das gewaschene Geld (sg.)
la corruption	die Korruption (sg.)
l'économie fondée sur la cocaïne	**die Kokainwirtschaft (sg.)**
la culture de la cocaïne	der Coca-Anbau (sg.)
le pays producteur	das Erzeugerland (¨er), das Produktionsland (¨er)
le produit d'exportation n°1	der Exportartikel Nummer eins (sg.)
le Tiers Monde	die Dritte Welt (sg.)

la politique contre la drogue — die Drogenpolitik (sg.)

l'acceptation morale	die moralische Akzeptanz (sg.)
la légalisation	die Legalisierung (sg.)
légaliser la consommation de la drogue	den Drogenkonsum legalisieren
la distribution légale de la drogue	die legale Verteilung der Droge
la libre distribution	die völlige Freigabe (sg.)
la distribution contingentée	die eingeschränkte Freigabe (sg.)
la légalisation sévèrement contrôlée	die streng kontrollierte Legalisierung (sg.)
la drogue de substitution	die Ersatzdroge (n)
la méthadone	das Methadon (sg.)
être sous contrôle médical sévère	unter strenger ärztlicher Kontrolle sein
l'interdiction de détenir de la drogue	das Drogenverbot (sg.)
la criminalisation	die Kriminalisierung (sg.)
la répression de la drogue	**die Drogenbekämpfung (sg.)**
lever le secret bancaire	das Bankgeheimnis auf/heben (o, o, hat)
démanteler l'organisation de la mafia	der Mafia das Handwerk legen
déclarer la guerre à la drogue	dem Rauschgift den Krieg erklären
mener cette guerre à l'échelle mondiale	diesen Krieg weltweit führen
la destruction des récoltes	die Vernichtung der Ernten

la croisade à l'herbicide	der Herbizid-Feldzug (¨e)
la campagne d'information	die Aufklärungskampagne (n)
la prévention	die Vorbeugung (en)
prévenir	vor/beugen
la chasse à la drogue	**die Drogenfahndung (en)**
l'enquêteur	der Fahnder (-)
saisir	beschlagnahmen
la saisie	die Beschlagnahme (n)
le coup de filet	der Fischzug (¨e)

le sida — AIDS

l'infection par le virus HIV	die HIV-Infektion (sg.)
être séropositif	HIV-positiv sein
le sidéen	der AIDS-Kranke (n) adj. subst.
le malade atteint du sida	der AIDS-Patient (en, en)
le cas de sida	der AIDS-Fall (¨e)
le virus	der / das Virus (die Viren)
le porteur du virus	der Virenträger (-)
l'agent pathogène	der Krankheitserreger (-)
le risque d'infection	das Infektionsrisiko (-risiken)
les défenses naturelles	die Abwehrkräfte (pl.)
le syndrome d'immuno-déficience	der erworbene Mangel an Abwehrkraft (sg.)
la déficience immunitaire	die Immunschwäche (sg.)
les maladies consécutives au sida	AIDS-begleitende Krankheiten (pl.)
la mort due au sida	der AIDS-Tod (sg.)
l'épidémie	die Seuche (n), die Epidemie (n)
la propagation	die Verbreitung (en), die Ausbreitung (en)
se propager	sich verbreiten, sich aus/breiten
une épidémie qui sévit	die grassierende Seuche
le fléau mondial	die Weltplage (n)
la contamination	**die Ansteckung (en)**
le danger de contamination	die Ansteckungsgefahr (en)
s'infecter	sich an/stecken
infecter, contaminer	an/stecken
transmettre à	übertragen (u, a, hat) auf + A.
le temps d'incubation	die Inkubationszeit (sg.)

le sang	das Blut (sg.)
l'hémophile	der Bluter (-)
l'hémophilie	die Bluterkrankheit (sg.), die Hämophilie (sg.)
la transfusion sanguine	die Bluttransfusion (en) ♦ die Blutübertragung (en)
arriver dans la circulation sanguine	in die Blutbahn gelangen
le donneur de sang	der Blutspender (-)
le sang contaminé	das verseuchte Blut (sg.)
le coagulant contaminé	das verseuchte Gerinnungsmittel
le produit sanguin	das Blutderivat (e)
le plasma	das Plasma (sg.)
le médicament contaminé	das verseuchte Medikament
le résultat positif	das positive Test-Ergebnis
le rapport sexuel	der Geschlechtsverkehr (sg.)
le sperme	das Sperma (Spermen od. Spermata)
la maladie sexuellement transmissible	die Geschlechtskrankheit (en)
homosexuel	homosexuell
l'homosexuel	der Homosexuelle (n) adj. subst. ♦ der Schwule (n) adj. subst.
bisexuel	bisexuell
hétérosexuel	heterosexuell
la seringue	die Spritze (n)
la seringue contaminée	die AIDS-verseuchte Spritze
l'aiguille	die Nadel (n)
l'échange de seringues	der Nadeltausch (sg.)
le groupe des marginaux	die Randgruppe (n)
le groupe à risque	die Risikogruppe (n)
la discrimination	**die Diskriminierung (en)**
la peur du contact	die Berührungsangst (¨e)
la victime	das Opfer (-)
le coupable, le criminel	der Täter (-)
les malades deviennent des coupables	aus Kranken werden Schuldige (pl.)
porter malheur à la société	das Übel über die Gesellschaft bringen (a, a, hat)
rejeter	verstoßen (ie, o, hat)
exclure	aus/schließen (o, o, hat)
expulser	aus/weisen (ie, ie, hat)

le combat contre le sida	**die AIDS-Bekämpfung (en)**
le centre de dépistage du sida	das AIDS-Betreuungszentrum (-tren)
le test de dépistage du virus HIV	der AIDS-Test (s)
soumettre au test de dépistage du virus HIV	auf AIDS-Verunreinigungen testen
le virologue, le virologiste	der Virologe (n, n)
l'épidémiologiste	der Epidemiologe (n, n)
la recherche sur le sida	die AIDS-Forschung (sg.)
inactiver par chauffage	durch Hitzesterilisation ab/töten
le traitement	die Behandlung (en)
le vaccin	der Impfstoff (e)
l'AZT	AZT (sg.)
l'autotransfusion	die Eigenbluttransfusion (en)
la collaboration internationale	die internationale Zusammenarbeit (sg.)
informer	informieren
prendre conscience du danger	sich der Gefahr bewußt werden
se sentir responsable	sich verantwortlich fühlen
agir de manière responsable	eigenverantwortlich handeln
le nouveau comportement sexuel	das neue Sexualverhalten (sg.)
le préservatif	das Kondom (e)
le distributeur de préservatifs	der Kondomautomat (en, en)
se protéger	sich schützen
soigner	pflegen
guérir	heilen

le dopage	**das Doping (sg.)**
doper	dopen
se doper	sich dopen
l'utilisateur de dopants	der Dopingsünder (-)
le sportif de haut niveau	der Spitzensportler (-)
l'athlète	der Athlet (en, en)
la compétition de haut niveau	der Hochleistungssport (sg.)
le sportif de haut niveau	der Hochleistungssportler (-)
les anabolisants	die Anabolika (sg.)
les stéroïdes anabolisants	die anabolen Steroide (pl.)
l'hormone	das Hormon (e)
la testostérone	das Testosteron (sg.)
la cortisone	das Cortison (sg.)

le stimulant	das Aufputschmittel (-)
le dopage par autotransfusion sanguine	das Blutdoping (sg.)
bourrer de (fam.)	voll/pumpen mit + D. (fam.)
avaler	schlucken
l'objectif	**das Ziel (e)**
l'accroissement de la performance	der Leistungszuwachs (sg.) ♦ die Leistungssteigerung (sg.)
une endurance accrue	eine erhöhte Belastbarkeit (sg.)
les muscles enflent	die Muskeln schwellen (o, o, ist)
qui renforce la musculature	muskelbildend
vaincre à l'aide de la chimie	mit Hilfe der Chemie siegen
la chasse aux records	die Rekordsucht (sg.)
être prêt à tout pour vaincre	alles für den Sieg tun (tat, hat getan)
être prêt à tout pour l'argent	alles für das Geld tun (tat, hat getan)
la commercialisation du sport	die Kommerzialisierung des Sports (sg.)
le risque pour la santé	das Gesundheitsrisiko (-risiken)
nuire à la santé	der Gesundheit schaden
le contrôle	**die Kontrolle (n)**
la médecine sportive	die Sportmedizin (sg.)
être sur la liste des produits interdits	auf der Verbotsliste stehen (a, a, hat)
l'éthique	die Ethik (sg.)
le respect devant les grandes performances disparaît	der Respekt vor großen Leistungen verschwindet (a, u, ist)
le non-respect des règles du sport	das Vergehen wider die Regeln des Sports
des méthodes astucieuses	raffinierte Methoden (pl.)
la conviction, la preuve convaincante	die Überführung (en)
convaincre de	überführen + G.
être convaincu de dopage	wegen Doping überführt werden
le test urinaire	die Urinprobe (n)
déceler	auf/spüren
déceler, prouver	nach/weisen (ie, ie, hat)
décelable	nachweisbar
prouver	beweisen (ie, ie, hat)
prouvable	beweisbar
découvrir	entdecken
suspendre	mit Sperre bestrafen
la suspension	das Spielverbot (sg.)

le tabac	**der Tabak (sg.) – die Tabakware (n)**
l'industrie du tabac	die Tabakindustrie (n)
la consommation du tabac	der Tabakkonsum (sg.)
le fumeur	der Raucher (-)
la cigarette	die Zigarette (n)
le cigare	die Zigarre (n)
la pipe	die Pfeife (n)
fumer	rauchen, qualmen (fam.), paffen (fam.)
le plaisir	**das Vergnügen (-), der Genuß (¨sse)**
savourer	genießen (o, o, hat)
le stimulant, l'excitant	das Genußmittel (-)
fumer sa pipe avec délectation	seine Pfeife schmauchen
calmer	beruhigen
donner une contenance	eine Fassung geben (a, e, hat)
être sûr de soi	selbstsicher sein
le vice	**das Laster (-)**
s'adonner à son vice	seinem Laster frönen
le gros fumeur	der starke Raucher
le fumeur invétéré	der Gewohnheitsraucher (-)
le fumeur acharné	der Kettenraucher (-)
l'esclave de la nicotine	der Nikotinsklave (n, n)
avaler la fumée	das inhalierende Rauchen (sg.)
la substance nocive	der Schadstoff (e)
la nicotine	das Nikotin (sg.)
la teneur en nicotine	der Nikotingehalt (sg.)
le goudron	der Teer (sg.)
le monoxyde de carbone	das Kohlenmonoxid (sg.)
nuisible pour la santé	gesundheitsschädlich
la bronchite	die Bronchitis (sg.)
la pneumonie	die Lungenentzündung (en)
le cancer des poumons	der Lungenkrebs (sg.)
le mort, la victime	das Todesopfer (-)
la première drogue	die Einstiegsdroge (n)
l'interdiction de fumer	**das Rauchverbot (sg.)**
le fumeur involontaire	der Passiv-Raucher (-)
le non-fumeur	der Nichtraucher (-)

l'initiative des non-fumeurs	die Nichtraucherinitiative (n)
arrêter de fumer	das Rauchen ein/stellen
les coûts de santé élevés	die hohen Krankheitskosten (pl.)
la campagne anti-tabac	die Antitabak-Kampagne (n)
la campagne d'information anti-tabac	die Aufklärungskampagne gegen Tabak
les directives de Bruxelles réglementant l'étiquetage	die Etikettierungsrichtlinien von Brüssel
interdire la publicité pour les cigarettes	das Werbeverbot für Zigaretten
l'impôt spécial	die Sondersteuer (n)
l'impôt sur le tabac	die Tabaksteuer (n)
enfreindre les Droits de l'Homme	gegen die Menschenrechte verstoßen (ie, o, hat)
enfreindre la liberté de choix	die Meinungsfreiheit verletzen
s'immiscer dans la vie privée	sich in das Privatleben ein/mischen
anticonstitutionnel	verfassungswidrig
porter plainte contre	Klage ein/reichen gegen + A.

l'alcool — der Alkohol (sg.)

la drogue légale	die legale Droge
la consommation d'alcool	der Alkoholkonsum (sg.)
l'alcoolisme	der Alkoholismus (sg.), die Alkoholsucht (sg.)
l'alcoolique	der Alkoholiker (-) ♦ der Alkoholkranke (n) adj. subst.
devenir alcoolique	zum Trinker werden
être dépendant de l'alcool et des médicaments	alkohol- und medikamentabhängig sein
être ivre	betrunken sein ♦ blau sein (fam.), beschwipst sein (fam.)
un problème délicat	ein peinliches Problem, ein heikles Problem
le tabou	das Tabu (s)
tabouiser l'alcool	den Alkohol tabuisieren
minimiser	verharmlosen

les conséquences — die Folgen (pl.)

dans la vie privée	im Privatleben
être irrité	gereizt sein
ne plus être abordable	nicht mehr ansprechbar sein
devenir violent	gewalttätig werden
le cauchemar	der Alptraum (¨e)

le cercle vicieux	der Teufelskreis (sg.)
le divorce	die Ehescheidung (en)
détruire son mariage	seine Ehe zerstören
les mauvais traitements à enfants	die Kindermißhandlung (en)
le manque de compétitivité au travail	mangelnde Arbeitsleistung
la perte de l'emploi	der Verlust des Arbeitsplatzes
s'endetter	in Schulden geraten (ie, a, ist)
ne plus s'en sortir	weder ein noch aus wissen (wußte, hat gewußt)
l'accident de la route	der Verkehrsunfall (¨e)
l'accident dû à l'alcool	der Alkoholunfall (¨e)
risquer sa vie	sein Leben aufs Spiel setzen
le dégât matériel	der Sachschaden (¨)
le dommage corporel	der Personenschaden (¨)
commettre le délit de fuite	Fahrerflucht begehen (i, a, hat)
retirer le permis de conduire	den Führerschein entziehen (o, o, hat)
la thérapie de sevrage	**die Entwöhnungstherapie (n)**
être sevré	entgiftet sein
être à nouveau sobre	wieder "trocken" sein (fam.)
ne pas être ivre	nüchtern sein
éviter l'alcool, être sobre	abstinent sein
le service de consultation des toxicomanes	die Suchtberatungsstelle (n)
la thérapie de groupe	die Gruppentherapie (sg.)
la prohibition	**die Prohibition (sg.)**
l'interdiction de l'alcool	das Alkoholverbot (sg.)
l'attrait de l'interdit	der Reiz des Verbotenen (sg.)
la prohibition stimulant la consommation	die konsumfördernde Prohibition (sg.)

10. Die Genetik

Die Gentechnologie ist die Schlüsseltechnologie des 21. Jahrhunderts. Sie ist ein Forschungsgebiet, das auf der Dechiffrierung des genetischen Codes gründet. Das genetische Material, das die Erbinformationen enthält, kann identifiziert also auch manipuliert werden. Die Anwendungen sind zahlreich. Auf dem Gebiet der Medizin kann man jetzt schon gewisse Fälle von Unfruchtbarkeit behandeln, in Zukunft vielleicht sogar genetisch vererbte Krankheiten heilen. Die Medikamente werden durch die Biotechnologie hergestellt. Die Pflanzengenetiker erhalten und verbessern die Arten dank dieser Methoden. Tiere – wie Milchkühe zum Beispiel – werden noch ergiebiger. Somit kann die Ernährung der Weltbevölkerung sichergestellt werden. Die Biotechnologie könnte auch eine große Hilfe bei der Abfallbeseitigung, für umweltfreundlichere Produktionsverfahren und in der Kriminalistik sein.

Gentechnologie kann aber leider auch mißbraucht werden. Dadurch, daß man Erbeigenschaften manipulieren kann, kann man auch alle Organismen genetisch verändern. Dies könnte im Extremfall zur Eugenik führen. Da sich die Menschheit dieser Gefahr bewußt ist, sind Gentests bei Sportveranstaltungen und der Einstellung von Personal in der Theorie verboten. Die Bioethik, das Embryonenschutzgesetz und die Gesetzgebung im allgemeinen müssen Regeln festlegen, um – soweit wie möglich – jeden Mißbrauch zu verhindern

10. La génétique

Le génie génétique est la technologie clé du vingt et unième siècle. Il s'agit là d'un mode d'investigation qui se fonde sur le déchiffrage du code génétique. Le matériel héréditaire, qui contient l'information génétique, peut être identifié et donc manipulé. Les applications sont nombreuses. Dans le domaine de la médecine, on peut déjà traiter certains cas de stérilité, on pourra peut-être même guérir les maladies génétiquement transmissibles. Les médicaments peuvent être fabriqués grâce à la biotechnologie. Les phytogénéticiens conservent et améliorent les espèces grâce à cette méthode : les animaux, vaches laitières par exemple, deviennent encore plus productifs. On pourra ainsi assurer l'alimentation de la population mondiale. La biotechnologie pourrait également être d'un grand secours dans l'élimination des déchets, l'élaboration de procédés de fabrication moins polluants et en criminalistique.

Elle peut, hélas, être utilisée à de mauvaises fins. Puisque l'on peut manipuler l'hérédité, on peut également modifier génétiquement tous les organismes. A l'extrême, ceci pourrait conduire à l'eugénisme. Comme l'humanité est consciente de ce danger, les tests génétiques sont en théorie interdits lors de manifestations sportives et pour l'embauche de personnel. La bioéthique, la loi sur la protection des embryons, la législation en général doivent fixer des règles afin d'empêcher, dans la mesure du possible, tout abus.

le génie génétique	die Gentechnologie (sg.)
la biotechnologie	die Biotechnologie (sg.)
la biologie moléculaire	die Molekularbiologie (sg.)
la banque de gènes, la génothèque	die Genbank (sg.)
le généticien	der Genetiker (-)
le phytogénéticien	der Pflanzengenetiker (-)
le laboratoire de biologie moléculaire	das Genlabor (s / e)
la recherche génique	die Genforschung (sg.)
la recherche fondamentale	die Grundlagenforschung (sg.)
le champ d'investigation	das Forschungsgebiet (e)

le matériel génique — das genetische Material (sg.)

le gène	das Gen (e), die Erbeinheit (en)
le génome	das Genom (e)
le matériel héréditaire	das Erbmaterial (sg.)
le patrimoine héréditaire	das menschlische Erbgut (sg.)
l'information génétique	die Erbinformation (en)
le chromosome	das Chromosom (e)
l'ADN	die Erbsubstanz DNA (sg.)

le code génétique — der genetische Code (sg.)

le déchiffrage du code génétique	die Dechiffrierung des genetischen Codes (sg.)
le décryptage du code génétique	die Entschlüsselung der Erbinformation (sg.)
identifier le génotype	die Erbeigenschaften identifizieren
manipuler le génotype	die Erbeigenschaften manipulieren
forcer le code de la vie	den Code des Lebens knacken
introduire des caractères héréditaires	Erbeinlagen ein/schleusen
la manipulation génétique	die Genmanipulation (en)
l'être génétiquement modifié	das genetisch manipulierte Lebewesen
l'organisme transgénique	der genetisch veränderte Organismus
les animaux transgéniques	die transgenen Tiere (pl.)

les applications — die Anwendungen (pl.)

le hasard génétique	der genetische Zufall
la procréation naturelle	die spontane Empfängnis
porter à terme	aus/tragen (u, a, hat)

la stérilité	**die Unfruchtbarkeit (sg.)**
être stérile	unfruchtbar sein
le traitement de la stérilité	die Behandlung der Unfruchtbarkeit
intervenir dans	ein/greifen (i, i, hat) in + D.
la procréation médicalement assistée	die medizinisch unterstützte Empfängnis ♦ die Empfängnis mit medizinischem Beistand
l'insémination artificielle	die künstliche Befruchtung
l'ovule	die Eizelle (n)
le sperme	das Sperma (Spermen od. Spermata)
le donneur de sperme	der Samen-Spender (-)
la banque du sperme	die Samenbank (sg.)
le père biologique	der biologische Vater
féconder	befruchten
la fécondation in-vitro	die In-Vitro-Fertilisation (en)
la multiplication in-vitro	die Vermehrung mittels Reagenzglas
l'éprouvette	das Reagenzglas (¨er)
le transfert de gamètes	der Gameten-Transfer (sg.)
le traitement hormonal	die Hormonbehandlung (en)
l'insémination intra-utérine	die Intrauterin-Insemination (en)
l'embryon	der Embryo (s / nen)
l'embryon congelé	der tiefgefrorene Embryo
le bébé éprouvette	das Retorten-Baby (s)
la mère porteuse	die Leihmutter (¨er)
la grossesse à risques	die Risikoschwangerschaft (en)
la grossesse multiple	die Mehrlingsschwangerschaft (en)
la maladie héréditaire	**die Erbkrankheit (en)**
l'erreur génétique	der Erbfehler (-)
transmettre	vererben
héréditaire	vererblich
le dépistage précoce	die Früherkennung (en)
la thérapie génique	die Gentherapie (n) ♦ die gentherapeutische Behandlung
la thérapie génique somatique	die somatische Gentherapie (sg.)
la thérapie génique germinale	die Keimbahn-Gentherapie (sg.)
se faire traiter par thérapie génique	sich gentherapeutisch behandeln lassen (ie, a, hat)
remplacer des gènes défectueux par des gènes normaux	schadhafte Gene durch normale ersetzen

le transfert de gènes	der Gentransfer (sg.)
sélectionner des cellules	Zellen aus/sondern
multiplier des cellules	vermehren
implanter des cellules	ein/pflanzen
la cellule immunitaire	die Abwehrzelle (n)
le médicament	**das Medikament (e)**
le médicament produit par génie génétique	das gentechnisch hergestellte Medikament
l'hormone de croissance	das Wachstumshormon (e)
l'aide	**die Hilfe**
pour des procédés de fabrication plus écologiques	für umweltfreundlichere Produktionsverfahren
pour l'élimination des déchets	zur Abfallbeseitigung
augmenter la production laitière chez les vaches	die Milchproduktion bei den Kühen steigern
la plante utilitaire	die Nutzpflanze (n)
rendre les plantes utilitaires plus productives	die Nutzpflanzen ertragreicher machen
faire de nouvelles cultures	neue Kulturen züchten
immuniser contre des maladies	immun machen gegen Krankheiten
rendre résistant	widerstandsfähig machen
assurer l'alimentation de la population mondiale	die Ernährung der Weltbevölkerung sicher/stellen
conserver la diversité des espèces	**die Artenvielfalt erhalten (ie, a, hat)**
le pollen	der Pollen (-)
la semence	der Samen (-)
conserver	konservieren, bewahren
conserver la semence	das Saatgut erhalten (ie, a, hat)
l'espèce végétale menacée	die bedrohte Pflanzenart
sauver de l'extinction	vor dem Aussterben retten
procéder au brassage génique	das Erbgut auf/frischen
la criminalistique	**die Kriminalistik (sg.)**
le Droit Pénal et Civil	das Straf-und Zivilrecht (sg.)
l'élucidation de crimes	die Aufklärung von Verbrechen
la preuve	der Beweis (e)
la reconnaissance de paternité	die Feststellung von Vaterschaften
l'empreinte génétique	der genetische Fingerabdruck
identifier par les cellules du corps	durch die Körperzellen identifizieren

séquencer le matériel héréditaire	die Erbinformationen in ihre Bestandteile zerlegen
l'abus, le mauvais usage	**der Mißbrauch (sg.)**
faire mauvais usage de la génétique	die Genetik mißbrauchen
le sperme provenant d'un prix Nobel	das Nobelsperma (sg.)
le choix du sexe	die Geschlechtswahl (sg.)
déterminer le sexe de l'enfant	das Geschlecht des Kindes bestimmen
le clone	der Klon (e)
cloner	klonieren
la production d'êtres génétiquement identiques	die Erzeugung genetisch identischer Wesen
l'eugénisme	die Eugenik (sg.), die Menschenzüchtung (sg.) ♦ die Menschenauslese (sg.)
enclencher des réactions incontrôlées	unkontrollierte Reaktionen aus/lösen
la déviance	die Abweichung von der Norm
l'accident génétique	der genetische Unfall
l'aberration génétique, la tare	die genetische Abnormität
la chimère, l'hybride	das Mischwesen (-), die Chimäre (n)
le test génique	der Gentest (s)
à des fins militaires	zu militärischen Zwecken (pl.)
lors de manifestations sportives	bei Sportveranstaltungen (pl.)
lors de l'embauche	bei der Einstellung (sg.)
pour souscrire une assurance-vie	beim Abschließen einer Lebensversicherung (sg.)
la bioéthique	**die Bioethik (sg.)**
la législation	die Gesetzgebung (en)
la loi sur la protection des embryons	das Embryonenschutzgesetz (sg.)
le moratoire	das Moratorium (-rien)

11. Herausforderung

Das nächste Jahrhundert zeigt sich am Horizont. Die Schwierigkeiten, auf welche die Menschheit stoßen wird, sind zahlreich. Einige können in den nächsten Jahren wahrscheinlich behoben werden, denn die globale Bewußtwerdung der Probleme hat stattgefunden. Die Theorie muß jetzt aber in die Praxis umgesetzt werden, was ohne Geld und ohne Verantwortungsgefühl der Regierungen und der Bürger nicht auszuführen ist. Eine Wende hat in der letzten Hälfte dieses Jahrhunderts begonnen, und sie wurde durch den Zerfall der sozialistischen Welt beschleunigt. Die Menschen träumen weiterhin von einem Goldenen Zeitalter, wie sie es seit Menschengedenken tun. Jeder wünscht für seine Nachkommen die bestmögliche Welt. Die Zukunftsvisionen ändern sich jedoch je nach dem Individuum, je nach der Lage des Landes, in dem man lebt. Werden wir weiterhin hemmungslos konsumieren wollen, werden wir neue Ideale, eine neue kollektive Weisheit finden können? Die Fragen bleiben offen, denn obwohl sie klar gestellt werden, bleibt die Orientierung der nächsten Jahre unklar. Die demokratische Staatsform, obwohl sie die bestmögliche ist, reagiert langsam und schwerfällig auf eine sich rasch verändernde Welt. Der Mensch muß neu definiert werden, denn Lebensbeginn und Lebensende haben durch die Fortschritte der Gentechnologie und der Medizin einen neuen Sinn erhalten. Die Ethik muß dabei strengstens beachtet werden, wenn die Horrorvisionen von der Science-fiction nicht Wirklichkeit werden sollen. Der Mensch muß daran arbeiten, Weltbürger zu werden und in diesen Kategorien zu denken und zu handeln.

11. Défis

Le prochain siècle se profile à l'horizon. Les difficultés que l'humanité va rencontrer sont nombreuses. Certaines pourront probablement être aplanies dans les prochaines années. En effet, une prise de conscience générale a eu lieu : reste cependant la mise en pratique car, sans argent et sans sentiment de responsabilité des gouvernements et des citoyens, rien ne pourra être entrepris. Un retournement de situation a commencé dans la dernière moitié de ce siècle et a été accéléré par l'effondrement du monde socialiste. Les hommes continuent à rêver à l'Age d'Or, comme ils le font depuis la nuit des temps. Chacun souhaite pour sa descendance le meilleur des mondes possibles. Les visions du futur changent pourtant selon l'individu, la situation de son pays. Voudrons-nous continuer à consommer sans vergogne ? Pourrons-nous faire naître de nouveaux idéaux, une nouvelle sagesse collective ? Les questions restent ouvertes car, bien qu'elles soient posées clairement, l'orientation des prochaines années reste confuse. L'Etat démocratique, malgré ses qualités, réagit lentement, lourdement face à un monde en pleine mutation. L'homme doit être redéfini : du fait des progrès du génie génétique et de la médecine, naître, vieillir prend un sens nouveau. L'éthique devra être scrupuleusement surveillée afin que les visions d'horreur de la science fiction ne deviennent pas réalité. L'homme doit apprendre à être citoyen du monde, à penser et à agir comme tel.

l'avenir, le futur	die Zukunft (sg.)
futur, à venir	zukünftig
la mission pour l'avenir	die Zukunftsaufgabe (n)
la construction de l'avenir	die Zukunftsgestaltung (sg.)
la vision du futur	die Zukunftsvision (en)
futuriste	futuristisch
la génération future	die nächste Generation ♦ die zukünftige Generation
le descendant	der Nachkomme (n, n)

le cauchemar — der Alptraum (¨e)

la culture de masse	die Massenkultur (sg.)
l'uniformisation	die Uniformisierung (sg.)
la perte de la différence	der Verlust des Unterschiedes (sg.)
le déclin de l'humanité	der Untergang der Menschheit (sg.)
la déshumanisation	die Entmenschlichung (sg.)
inhumain	unmenschlich
sans vie	leblos
froid	kalt
la ville géante	die Riesenstadt (¨e)
générer la rivalité et la violence	Rivalität und Gewalt erzeugen
l'inhumanité, la barbarie	die Unmenschlichkeit (sg.)
la barbarie	die Barbarei (sg.)
retomber dans la barbarie	in die Barbarei zurück/fallen (ie, a, ist)
le démiurge sans conscience	der gewissenlose Demiurg
sans conscience, sans scrupule	gewissenlos
le régime démocratique en danger	die demokratische Staatsform in Gefahr (sg.)
l'apocalypse	die Apokalypse (sg.)
le danger de l'apocalypse technologique	die Gefahr der technologischen Apokalypse
la vision d'horreur	die Horrorvorstellung (en)
le cauchemar d'Orwell	Orwells Alptraum (sg.)

les faiblesses du pouvoir politique — die Schwächen der politischen Macht

réagir trop lentement	zu langsam reagieren
ne pas être à la hauteur de la situation	der Situation nicht gewachsen sein
ne pas être en mesure (de faire qch.)	nicht in der Lage sein (etw. zu tun)
l'incompétence	die Inkompetenz (sg.)
l'insuffisance	die Unzulänglichkeit (en)

une administration lourde	eine schwerfällige Verwaltung
un appareil étatique trop compliqué	ein zu komplizierter Staatsapparat
le rêve	**der Traum (¨e)**
planifier	planen
préparer	vor/bereiten
anticiper, préfigurer	vor/greifen (i, i, hat)
prévoir, deviner	vorher/sehen (a, e, hat)
prévenir, parer à	vor/beugen
la médecine	**die Medizin (sg.)**
guérir le cancer, le sida et les maladies génétiques	Krebs, Aids und die Erbkrankheiten heilen
pouvoir soulager la douleur	den Schmerz lindern können
le traitement de la douleur	die Behandlung des Schmerzes (sg.)
la médecine de transplantation	die Transplantationmedizin (sg.)
le transplant, le greffon	das Transplantat (e)
l'organe étranger	das fremde Organ
le don d'organe	die Organspende (n)
vieillir en meilleure forme	gesünder alt werden
maîtriser le génie génétique	die Gentechnologie beherrschen
avoir la maîtrise de la vie	die Macht über das Leben haben
le respect de la vie	die Achtung des Lebens (sg.)
conserver l'humanité de l'être humain	das Menschliche am Menschen bewahren
avoir la maîtrise de la mort	die Macht über den Tod haben
atteindre le dernier stade	das letzte Stadium erreichen
le mourant	der todkranke Patient
aider à mourir	die Sterbehilfe (sg.)
anesthésier, euthanasier	ein/schläfern
l'euthanasie	die Euthanasie (sg.)
la mort douce	der "sanfte Tod" (sg.)
aider activement à mourir doucement	aktiv zu "sanftem Tod" verhelfen (a, o, hat)
faciliter la mort	den Tod erleichtern
une mort humaine	ein humanes Sterben (sg.)
respecter la volonté du patient	den Willen des Patienten respektieren
le testament biologique	das "biologische Testament" (sg.)
dire la vérité au patient	dem Patienten die Wahrheit sagen
fonder juridiquement	eine gesetzliche Grundlage geben (a, e, hat)

la déontologie	die Berufspflicht (sg.)
le Serment d' Hippocrate	der hippokratische Eid (sg.)
redéfinir l'homme	den Menschen neu definieren
la morale	die Moral (sg.)
l'éthique	die Ethik (sg.)
la bioéthique	die Bioethik (sg.)
l'ère de la haute technologie	**die High-Tech Ära (sg.)**
la chimie de pointe	die High-Chem (sg.)
la médecine de pointe	die High-Medizin (sg.)
la nanotechnologie	die Nanotechnologie (sg.)
le langage de synthèse	die synthetische Sprache (sg.)
l'ordinateur parlant	der sprechende Computer
développer la domotique	die Haushaltstechnik entwickeln
l'usine sans travailleurs	die menschenleere Fabrik
le bureau sans employés	das menschenleere Büro
être techniquement faisable	technisch machbar sein
être écologiquement justifiable	ökologisch vetretbar sein
être moralement responsable	ethisch verantwortlich sein
créer un environnement sain	**eine gesunde Umwelt schaffen (u, a, hat)**
la transformation du cadre de vie	die Veränderung des Lebensraums
harmoniser économie et écologie	Ökonomie und Ökologie vereinbaren
l'eau propre	das saubere Wasser (sg.)
l'air pur	die saubere Luft (sg.)
conserver la multiplicité	die Vielfalt erhalten (ie, a, hat)
la source d'énergie idéale	die ideale Energiequelle
résoudre le problème des déchets	das Müllproblem lösen
maîtriser la technique du recyclage	die Recyclingtechnik bewältigen
l'assainissement des villes	die Stadtsanierung (en)
maîtriser l'urbanisme	die Stadtplanung meistern
concevoir de nouveaux moyens de transport	die Verkehrsmittel neu gestalten
répondre aux problèmes mondiaux	**auf die Weltproblematik antworten**
les défis mondiaux	die weltweiten Herausforderungen (pl.)
l'interdépendance	die Interdependenz (sg.)
l'interaction	die Wechselwirkung (en)
l'imbrication des problèmes	das Ineinanderwirken der Probleme
la complexité des problèmes	die Komplexität der Probleme

accepter la complexité	die Komplexität an/nehmen (a, o, hat)
gérer la complexité	die Komplexität meistern
passer de l'aspect local à l'aspect global	vom Lokalen zum Globalen über/gehen (i, a, ist)
la stratégie des solutions mondiales	die Weltlösungsstrategie (sg.)
assurer l'approvisionnement mondial	die Weltversorgung lösen
encourager la paix durable	den dauerhaften Frieden fördern
empêcher la prolifération des armes	die Waffenproliferation verhindern
la reconversion de l'industrie militaire	die Umstellung der Waffenindustrie
le nouvel ordre	die Neuordnung (sg.)
le nouvel ordre mondial	die neue Weltordnung (sg.)
supranational et pacifique	supranational und pazifisch
le citoyen du monde	der Weltbürger (-)
la société mondialiste	die Weltgesellschaft (sg.)
la fin des nationalismes, des particularismes	das Ende der Nationalismen, der Kleinstaaterei
la nouvelle façon de penser	**die neue Denkweise (sg.)**
les questions de l'humanité	die Fragen der Menschheit
la crise existentielle	die existentielle Krise (sg.)
répondre à la crise existentielle	auf die existentielle Krise antworten
s'intéresser aux problèmes du temps	sich für die Probleme der Zeit interessieren
la prise de conscience des problèmes	das Problembewußtsein (sg.)
endosser une responsabilité	eine Verantwortung tragen (u, a, hat)
mettre fin à la lassitude politique	die Politikmüdigkeit beenden
donner un nouveau souffle à la politique	der Politik ein neues Leben geben (a, e, hat)
retrouver un réel intérêt à la politique	das echte Interesse für Politik wieder/finden (a, u, hat)
allier prospérité et justice sociale	Wohlstand und soziale Gerechtigkeit verbinden (a, u, hat)
harmoniser concurrence, coopération et solidarité	Wettstreit, Konkurrenz, Kooperation und Solidarität harmonisieren
la décentralisation du pouvoir	die Dezentralisierung der Macht (sg.)
combler l'écart Nord-Sud et Est-Ouest	das Nord-Süd und Ost-West Gefälle beheben (o, o, hat)
la nouvelle manière de penser	das neue Denken (sg.)
la nouvelle orientation	die Neuorientierung (en)
l'ouverture au monde	die Weltoffenheit (sg.)
la culture générale	die Allgemeinbildung (sg.)
les sciences humaines	die Geisteswissenschaft (en)

promouvoir les sciences humaines	die Geisteswissenschaften fördern
soutenir l'éducation	das Bildungswesen unterstützen
la priorité de la recherche	die Priorität der Forschung (sg.)
un Droit nouveau	ein neues Recht (sg.)
se fonder sur des principes philosophiques	sich auf philosophische Prinzipien gründen
l'humanisme	der Humanismus (sg.)
l'humaniste	der Humanist (en, en)
le consensus	der Konsens (sg.)
la nouvelle sagesse	die neue Weisheit (sg.)
élaborer une sagesse collective	eine kollektive Weisheit aus/denken (a, a, hat)
l'utopie	die Utopie (n)
utopique	utopisch
l'Age d'Or	das Goldene Zeitalter (sg.)

Aubin Imprimeur
LIGUGÉ, POITIERS

Achevé d'imprimer en mars 2002
N° d'impression L 63142
Dépôt légal mars 2002 / Imprimé en France